Creches e
Pré-Escolas
no Brasil

CRECHES E PRÉ-ESCOLAS NO BRASIL
Maria Malta Campos, Fúlvia Rosemberg, Isabel M. Ferreira

Capa: Paulo Malta Campos, Bracher & Malta, sobre detalhe de *The Wild Poppies*, Henri Matisse
Revisão: Ana Maria Barbosa, Marise Simões Leal, Rita de Cássia M. Lopes
Composição: Dany Editora Ltda.
Coordenação editorial: Danilo A. Q. Morales

Nenhuma parte desta obra pode ser reproduzida ou duplicada sem autorização expressa das autoras e do editor.

© 1992 Autoras

Direitos para esta edição

CORTEZ EDITORA - FUNDAÇÃO CARLOS CHAGAS
Rua Bartira, 387 — Tel.: (011) 864-0111
05009-000 — São Paulo — SP

Impresso no Brasil — fevereiro de 1993

Maria Malta Campos
Fúlvia Rosemberg
Isabel M. Ferreira

Creches e Pré-Escolas no Brasil

Este texto constitui versão resumida de relatório apresentado ao IPEA e UNICEF em fevereiro de 1989, sob o título *Aspectos sócio-educativos e sugestões para uma política nacional de educação da criança de 0 a 6 anos no Brasil*. Ele foi realizado no contexto do projeto Serviço de Documentação Sobre Creches que conta com o apoio da Fundação Ford (dotação nº 885/0937).

CORTEZ EDITORA

Fundação Carlos Chagas

Dados Internacionais de Catalogação na Publicação (CIP)
(Câmara Brasileira do Livro, SP, Brasil)

Campos, Maria Malta
  Creches e pré-escolas no Brasil / Maria Malta Campos, Fúlvia Rosemberg, Isabel M. Ferreira. — São Paulo: Cortez: Fundação Carlos Chagas, 1993.
  "Este texto constitui versão resumida de relatório apresentado ao IPEA e UNICEF em fevereiro de 1989, sob o título Aspectos sócio-educativos e sugestões para uma política nacional de educação da criança de 0 a 6 anos no Brasil. Ele foi realizado no contexto do projeto Serviço de Documentação sobre Creches que conta com o apoio da Fundação Ford (dotação nº 885/0937)"
  Bibliografia.
  ISBN 85-249-0483-6
  1. Assistência a menores - Brasil 2. Creches - Brasil 3. Educação pré-escolar - Brasil I. Rosemberg, Fúlvia. II. Ferreira, Isabel M. III. Título.

92-3365   CDD-372.210981

Índices para catálogo sistemático
1. Brasil : Educação pré-escolar 372.210981
2. Brasil : Pré-escola : Educação 372.210981

SUMÁRIO

Apresentação 7
Introdução 11

1. A CONSTITUIÇÃO DE 1988
   1.1 Educação 18
   1.2 Direitos Sociais 21
   1.3 Seguridade Social 24
   1.4 Direitos da Criança 26

2. DIAGNÓSTICO
   2.1 Quadro Institucional 29
       2.1.1 Ministério do Interior 30
       2.1.2 Ministério da Educação — MEC 44
       2.1.3 Ministério da Justiça 55
       2.1.4 Ministério da Saúde 56
       2.1.5 Ministério do Trabalho 61
       2.1.6 Banco Nacional de Desenvolvimento
             Econômico e Social 66
   2.2 Cobertura 69
       2.2.1 Questões metodológicas 70
       2.2.2 Pano de fundo sócio-demográfico 82
       2.2.3 O atendimento em creches e pré-escolas
             nas regiões metropolitanas (PNAD 85) . . . 85
       2.2.4 Escolaridade de crianças entre 0 e 6 anos . 89

3. SUGESTÕES PARA UMA POLÍTICA NACIONAL
   DE EDUCAÇÃO DA CRIANÇA DE 0 A 6 ANOS
   3.1 A Questão Conceitual 103
   3.2 Organização Administrativa 110
      3.2.1 Atribuições da União 111
      3.2.2 Atribuições dos Estados 113
      3.2.3 Atribuições dos Municípios 115
   3.3 Instrumentos Legais 117
   3.4 Principais Problemas a Serem Enfrentados na
       Definição de uma Política Nacional de Educação
       de Crianças de 0 a 6 Anos 120
      3.4.1 Definição de prioridades 120
      3.4.2 Papel dos convênios 121
      3.4.3 Definição de critérios mínimos 123

Posfácio 125
Referências bibliográficas 128

APRESENTAÇÃO

A Equipe de Pesquisas sobre Creches da Fundação Carlos Chagas vem, no transcorrer destes últimos anos, acompanhando de perto a evolução do atendimento à criança pequena no Brasil. Em alguns momentos, a Equipe realizou balanços gerais, ou regionais, visando sistematizar informações e avaliações disponíveis sobre determinados períodos.

Logo após a criação do imposto conhecido como FINSOCIAL, realizamos um primeiro e incipiente balanço nacional para introduzir subsídios à elaboração de uma proposta nacional de atendimento à criança (Poppovic et al., 1983).

Alguns anos depois, em parceria com o Conselho Estadual da Condição Feminina do Estado de São Paulo, publicamos o livro *Creches e Pré-escolas* (Rosemberg et al., 1985) que se detêve na análise do atendimento à criança de 0 a 6 anos no país durante a Década da Mulher (1975-1985). Mais recentemente, sob o formato de estudos de caso sobre o Brasil, participamos de recentes coletâneas de textos que discutem políticas de educação para a criança pequena em vários países do mundo (Campos, 1992; Rosemberg, no prelo).

Outras vezes, a cidade de São Paulo e sua Região Metropolitana instigaram nossa atenção, seja para retrospectivas históricas sobre a expansão da rede de creches no município (Campos et al, 1988), seja para avaliação de políticas temporal e espacialmente localizadas (Campos e Rosemberg, 1989; Rosemberg et al., 1991).

Neste novo livro que ora publicamos — *Creches e pré-escolas no Brasil* — voltamos a focalizar a atenção sobre o Território Nacional, porém durante o período da chamada Nova República, profundamente marcado pela Carta Constitucional de 1988 que reconheceu à criança pequena o direito à educação em creches e pré-escolas.

Redigido em inícios de 1989, este texto não dá conta do período em que nos foi prometido um novo Brasil, cuja atividade em torno da criança pequena conheceu certa movimentação, tanto no plano da administração federal, quanto da legislação ou, ainda, da extensão do atendimento em creches e pré-escolas.

Iniciativas federais — como a criação do Ministério da Criança, a extinção da FUNABEM e sua substituição pela Fundação Centro Brasileiro da Infância e Adolescência (CBIA), a inclusão de creches e pré-escolas nos planos de construção e funcionamento dos CIACs — tiveram conseqüências que ainda necessitam ser avaliadas, na extensão e qualidade do atendimento à criança pequena no país.

Da mesma forma, os efeitos da crise econômica, política e ética vivida durante o governo Collor apelam por uma avaliação cuidadosa, em especial daqueles que incidiram sobre o programa de creches Casulo sob a tutela da LBA, em decorrência da turbulência que essa instituição conheceu durante o período.

No plano legislativo, além da aprovação do Estatuto da Criança e do Adolescente (que reafirma princípios de direitos da infância e adolescência outorgados pela Constituição), observamos a tramitação nas Câmaras Federais de projetos de lei (em especial a Lei de Diretrizes e Bases da Educação) que regulamentam e especificam o direito da criança pequena à educação reconhecido pela Constituição de 1988.

Finalmente, a melhoria nos procedimentos de coleta das estatísticas nacionais sobre educação infantil tem possibilitado olhar com maior cuidado os indicadores de cobertura: a expansão de vagas, apesar de notável, nem sempre significa que sua ocupação esteja sendo exclusivamente destinada a crianças com menos de 7 anos. Com efeito, dados publicados pelo IBGE e pela SEEC/MEC no início dos anos 90 indicam que muitas crianças, tendo entre 7 e 9 anos, vivendo em algumas das regiões fisiográficas, freqüentam a pré-escola mesmo tendo ultrapassado o limite etário legal.

Ao destacarmos algumas mudanças recentes, estamos não apenas sugerindo a necessidade de um acompanhamento constante da política nacional de educação da criança pequena, mas também convidando o leitor para que, ao ler *Creches e pré-escolas no Brasil*, tenha presente as principais ocorrências que marcaram o período posterior à Nova República.

INTRODUÇÃO[1]

As análises mais recentes sobre o impacto das políticas sociais implementadas pelo Estado brasileiro revelam que, apesar de o montante de recursos nelas aplicado não poder ser considerado como pequeno, em comparação com o Produto Nacional Bruto, seus resultados têm sido pouco significativos exatamente junto às populações mais pobres e, portanto, mais dependentes dessas políticas para sua sobrevivência e bem-estar.

Representando o setor mais frágil no interior dessas faixas mais pobres, as crianças pequenas sofrem, mais que outros grupos, os efeitos mais adversos das distorções e desequilíbrios identificados nessas políticas.

Documento do Banco Mundial (World Bank, 1988, p. 16) revela que as crianças menores que 5 anos de idade, que constituem 13% da população, recebem apenas 7% do total de benefícios sociais distribuídos. Como as famílias na faixa de renda mais baixa (renda *per capita* mensal menor que 1/4 do salário mínimo) são aquelas com maior número de crianças (representando 19% do total da população e recebendo apenas 6% do total dos

---

1. As notas, tabelas, quadros e gráficos contidos neste documento receberam numeração seqüencial por item dentro de cada capítulo.

benefícios sociais), o documento identifica as crianças de baixa renda como um dos grupos mais discriminados dentre os destinatários das políticas sociais no país.

O exemplo dos gastos na área de Educação nos últimos anos é significativo: segundo Cândido Gomes (*A gestão*..., 1988, p. 180) no Orçamento da União para 1988 "os recursos previstos para a universidade federal mais aquinhoada correspondem ao triplo das verbas destinadas à educação pré-escolar em todo o país".

Por outro lado, outros trabalhos têm evidenciado que os mecanismos de financiamento das políticas sociais fazem com que os gastos apresentem, em sua evolução ao longo dos anos, "um comportamento pró-cíclico, quando idealmente deveriam ter um caráter anticíclico" (Chahad e Macedo, 1988, p. 68). Ou seja, em vez de estes gastos terem um caráter compensatório em relação ao impacto negativo das dificuldades econômicas do país, eles são comprimidos em épocas de agravamento da crise, fazendo com que os setores mais pobres da população sejam menos assistidos justamente nos momentos em que enfrentam uma piora em suas condições de vida.

A inflação, o custo crescente dos alimentos (em índices mais altos que a inflação) e a concentração de renda agravam ainda mais as condições de vida dos grupos de baixa renda: os rendimentos reais caem, em 1987, mais acentuadamente para os 50% mais pobres dos brasileiros, como revelam trabalhos publicados recentemente (Chahad e Cervini, 1988, p. XXVI).

As taxas de mortalidade infantil apresentam um incremento, em 1983 e 1984, mais acentuado nas regiões pior servidas por equipamentos públicos. Esse fato faz com que Chahad e Cervini (1988, p. XXVIII) levantem a hipótese de que o acesso a condições mais favoráveis de saneamento e atendimento de saúde podem mediar os efeitos das crises econômicas, permitindo que a população mais pobre deles se defenda melhor.

O mesmo pode ser inferido dos dados sobre educação: no país como um todo verifica-se uma piora generalizada nos indicadores de repetência e abandono no 1º grau, que acompanha a diminuição dos gastos com educação, mas em um Estado como Santa Catarina, que vem priorizando o atendimento à infância, não houve a mesma flutuação nesses indicadores no período considerado.

Esses dados reforçam o papel importante que as políticas sociais podem desempenhar junto à população infantil de baixa renda. No entanto, um exame da evolução e das características que têm assumido a ação do poder público junto a essa faixa da população revela que aqueles problemas mais gerais encontrados pelo relatório do Banco Mundial (World Bank, 1988, pp. III-V) na operação das políticas sociais no país expressam-se, nessa área, talvez de forma ainda mais acentuada.

Nesse documento, são identificados como principais problemas o fato de os recursos não estarem direcionados prioritariamente para os grupos mais vulneráveis e o gerenciamento pouco eficiente desses recursos nos diferentes órgãos. Em relação a este segundo ponto, são apontados problemas como: excesso de centralização; transferências de recursos entre órgãos governamentais seguindo critérios complexos e pouco transparentes; uso não adequado dos serviços privados; falta de incentivos para abordagens de custo-benefício nos vários níveis de governo.

Considerando agora a área mais específica da educação da criança menor que 7 anos de idade, se nos reportarmos a diagnóstico realizado pela Fundação Carlos Chagas em 1983, sob encomenda do CNRH (Poppovic et al., 1983), verificaremos que a maior parte dos problemas e tendências encontrados subsistem, cinco anos depois, com os primeiros muitas vezes agravados.

De modo esquemático, podemos resumi-los no seguinte quadro:

**Quadro-síntese das conclusões de diagnóstico anterior
(Poppovic et al., 1983)**

1. Sobreposição não integrada de diferentes modalidades de atendimento.
   1.1 Creches, pré-escolas e atendimentos informais.
   1.2 Áreas de saúde, alimentação, assistência e educação.
2. Sobreposição dos órgãos responsáveis.
   2.1 Instâncias federal, estaduais e municipais.
   2.2 Diversos órgãos e programas sobrepondo-se em cada instância.
   2.3 Criação contínua de novos órgãos e programas que se adicionam aos já existentes.
3. Atuação pública direta e a prática de convênios.
   3.1 Oscilações e desencontros entre os dois tipos de atuação.
   3.2 Múltiplas formas de convênios, com exigências burocráticas excessivas, atuando paralelamente, através de critérios extremamente diversificados.
   3.3 População alvo considerada prioritária, variando conforme o órgão responsável e deixando alguns grupos a descoberto.
4. Problemas em relação à coleta de dados de cobertura dos vários tipos de atendimento.
   4.1 Terminologia enganosa e pouco precisa adotada nos vários programas.
   4.2 Sobreposição de dados a respeito do número de crianças atendidas, que podem ser as mesmas sob vários tipos de convênios.
   4.3 Não inclusão da creche nas estatísticas educacionais.
5. Problemas em relação à avaliação de custos e benefícios dos programas.
   5.1 Grande variação nos custos dos diversos programas.
   5.2 Desequilíbrio entre gastos com estruturas técnicas e burocráticas em comparação com gastos diretamente vinculados às unidades.
6. Legislação omissa.
7. Tendência a atuação crescente do nível municipal.
8. Pressão crescente da demanda, emergência de movimentos de reivindicação.

Em trabalho publicado dois anos após (Rosemberg et al., 1985), muitas dessas conclusões foram reafirmadas. Porém, no que se refere ao debate ideológico e político sobre o significado da educação da criança pequena, seus direitos e o reconhecimento da responsabilidade do poder público, constataram-se progressos significativos. Assim, foram percebidas mudanças importantes em relação à concepção do que seja um atendimento educacional à criança pequena, com a superação, pelo menos no plano do debate, de uma concepção exclusivamente assistencialista. Da mesma forma, o trabalho constata que o conhecimento sobre a questão apresentou uma evolução positiva.

Por outro lado, o próprio avanço do debate ideológico e do nível de organização dos movimentos sociais voltados para essa questão levaram a que, apesar da permanência de estruturas administrativas confusas, paralelas e ineficientes, houvesse um aumento relativo da oferta de vagas pelo poder público. O impacto do movimento feminista é identificado como um dos fatores importantes na explicação dessas mudanças.

Entretanto, continua-se a apontar a ausência de uma política global, integrada e coerente, voltada para a criança pequena, como um sério entrave a progressos significativos no atendimento à demanda crescente. Além disso, como alerta o trabalho, as próprias conquistas constatadas costumam sofrer sob os fluxos e refluxos da situação política e econômica.

Dessa forma, o trabalho desenvolvido a seguir, em muitos aspectos, reafirma conclusões já formuladas anteriormente.

Mas um fato extremamente importante coloca um dado novo nesta problemática: a nova Constituição brasileira, aprovada em 1988.

Pela primeira vez, uma lei, no caso aquela que prevalece sobre todas as outras, reconhece, como um direito da criança pequena, o acesso à educação em creches e pré-escolas.

Este direito, confirmado em partes diversas da Constituição, como se verá a seguir, encontra-se incluído no capítulo sobre a Educação. Ou seja, o dever do Estado em relação à educação efetiva-se também mediante a garantia do "atendimento em creche e pré-escola às crianças de zero a seis anos de idade" (Cap. III, Art. 208, inciso IV).

Reconhecendo que creches e pré-escolas integram o sistema educacional, junto aos demais níveis de ensino, embora não em caráter obrigatório, a nova Constituição consagra, no plano da lei, o que os movimentos sociais já vinham reivindicando em várias partes do país.

Este inegável avanço terá, certamente, repercussões sobre as demais legislações que deverão ser elaboradas — Lei de Diretrizes e Bases da Educação Nacional, Legislação Trabalhista — e sobre a definição das políticas sociais que incidem nessa faixa etária.

O presente trabalho procura discutir o impacto que essa nova definição legal deverá ter sobre a organização institucional que dá suporte ao atendimento educacional voltado para a criança pequena.

Para isso foi realizada uma revisão dos dados a respeito da situação do atendimento existente durante a década de 80 e uma avaliação do texto constitucional no que se refere a essa faixa etária. A partir disso são sugeridos alguns caminhos para uma reorganização institucional, no sentido de facilitar a ampliação e a melhoria da qualidade dos serviços educacionais voltados para a criança pequena no país.

1. A CONSTITUIÇÃO DE 1988[1]

Como ressalta documento do Conselho Nacional dos Direitos da Mulher (1988), desde as etapas que antecederam a instalação da Assembléia Nacional Constituinte, grupos organizados da sociedade civil procuraram sensibilizar os legisladores para diferentes questões, entre as quais os direitos da criança.

No caso da criança menor que 7 anos, essa mobilização ampliou-se para fora do âmbito da área educacional, sendo bastante reforçada pela participação de movimentos de mulheres, do Fórum DCA — Defesa da Criança e do Adolescente — e do grupo Ação-Vida. A Comissão Nacional Criança e Constituinte, sediada no MEC, constituiu um dos núcleos aglutinadores dessa mobilização (Didonet, 1988), assim como o Conselho Nacional dos Direitos da Mulher, vinculado ao Ministério da Justiça.

Pela primeira vez na história, uma Constituição do Brasil faz referências a direitos específicos das crianças, que não sejam aqueles circunscritos ao âmbito do Direito da Família. Também pela primeira vez, um texto constitucional define claramente como

---

1. Este e o 3º capítulo foram publicados sob o título "A Constituição de 1988 e a educação da criança pequena" (cf. Campos et al., 1989). As informações básicas para a redação deste capítulo foram coletadas e sistematizadas por Carmem Maria Craidy.

direito da criança de 0 a 6 anos de idade e dever do Estado, "o atendimento em creche e pré-escola" (Art. 208, inciso IV).

Este fato, por si só, representa um avanço extremamente significativo em direção a uma realidade mais favorável ao desenvolvimento integral da criança brasileira. Enquanto as constituições anteriores limitavam-se a expressões como "assistir" ou "amparar a maternidade e a infância", a nova Carta nomeia formas concretas de garantir, não só esse amparo, mas, principalmente, a educação dessa criança.

Serão examinados, a seguir, alguns dos aspectos mais importantes envolvidos nas definições que incidem sobre a problemática do atendimento educacional da criança pequena.

1.1. Educação

A subordinação do atendimento em creches e pré-escolas à área de Educação representa, pelo menos no nível do texto constitucional, um grande passo na direção da superação do caráter assistencialista predominante nos programas voltados para essa faixa etária. Ou seja, essa subordinação confere às creches e pré-escolas um inequívoco caráter educacional.

No caso específico das creches, tradicionalmente vinculadas às áreas de assistência social, essa mudança é bastante significativa e supõe uma integração entre creches e pré-escolas — estas na maioria ligadas à área educacional — que raramente tem ocorrido até hoje.

Ao definir que "o dever do Estado com a educação será efetivado mediante a garantia de" (Art. 208), entre outros, "o atendimento em creche e pré-escola às crianças de zero a seis anos de idade" (inciso IV), a Constituição cria uma obrigação para o sistema educacional, que certamente terá que se equipar para dar respostas a esta nova responsabilidade.

No que se refere às atribuições dos Municípios, essa questão não só é considerada como parte de suas obrigações, porém, mais do que isso, é definida como prioritária, ao lado da educação elementar. Em seu Artigo 211, parágrafo 2º, a Seção sobre Educação determina que "Os Municípios atuarão prioritariamente no ensino fundamental e pré-escolar".

Também no Capítulo IV, "Dos Municípios", define-se, como sua competência a manutenção, com a cooperação técnica e financeira da União e do Estado, de programas de educação pré-escolar e ensino fundamental (Art. 30, inciso VI).

A prioridade é reforçada por outras definições do texto constitucional, que dizem respeito aos percentuais mínimos da receita de impostos que devem ser destinados ao ensino pela União — 18% — e pelos Estados e Municípios — 25% (Art. 212)[2] e à previsão de intervenção dos Estados nos Municípios que não cumprirem essa exigência (Art. 35, que prevê a intervenção da União em Território Federal e dos Estados em seus Municípios, nesse caso).

No que se refere especificamente à pré-escola, a prioridade pode ainda ser considerada maior conforme a interpretação que for dada ao Artigo 60 das Disposições Constitucionais Transitórias, que determina que pelo menos 50% dos recursos a que se refere o Artigo 212 devem ser aplicados na eliminação do analfabetismo e na universalização do ensino fundamental, nos dez primeiros anos da promulgação desta Constituição.

Nesse sentido, seria importante retomar o debate a respeito da contribuição que a freqüência a pré-escolas pode dar para a melhoria de resultados do alunado nos primeiros anos da escola

---

2. Estes percentuais não incluem as verbas do salário-educação, definido como "fonte adicional de financiamento", pelo Artigo 212, parágrafo 5º e não são destinados a gastos com programas suplementares de alimentação e assistência à saúde, os quais devem ser cobertos com outros recursos orçamentários (parágrafo 4º). O salário-educação deve ser destinado ao "ensino fundamental público" (parágrafo 5º).

básica, o que também estaria contribuindo para a eliminação do analfabetismo e a permanência da criança no sistema escolar.

Dessa forma, as novas obrigações para o sistema educacional, decorrentes da Constituição, não são poucas. Desde a coleta de dados estatísticos, passando pelas legislações complementares, até as prioridades no planejamento e implementação de políticas educacionais, a creche e a pré-escola não poderão mais deixar de ser incluídas, ao lado dos demais níveis de ensino.

Uma das conseqüências mais importantes desse fato relaciona-se com a questão da supervisão e fiscalização que o poder público deve garantir sobre as atividades das escolas e entidades privadas. O Artigo 209, incisos I e II, submete a iniciativa privada ao "cumprimento das normas gerais da educação nacional" e à "autorização e avaliação de qualidade pelo Poder Público". Como agora a creche e a pré-escola integram o sistema educacional, os órgãos responsáveis por essa fiscalização não poderão mais excluí-las de suas atribuições, como vem ocorrendo, especialmente em relação às creches.

Esta exigência torna-se mais importante se for considerado o fato de a Constituição permitir o repasse de recursos públicos para escolas comunitárias, confessionais e filantrópicas que comprovem finalidade não lucrativa (Art. 213).

Assim, todas as instituições educacionais que atendem crianças de 0 a 6 anos, sejam lucrativas, sejam sem fins lucrativos, recebendo ou não recursos públicos, devem ser objeto de supervisão e fiscalização oficiais.

Outras definições que incidem sobre a organização de sistemas de creches e pré-escolas são aquelas que apontam no sentido da descentralização e da municipalização desses serviços.

Assim, compete à União legislar sobre as diretrizes e bases da educação nacional (Art. 22, inciso XXIV). É de competência comum à União, Estados, Distrito Federal e Municípios "proporcionar os meios de acesso à cultura, à educação e à ciência"

(Art. 23, inciso V) e destes, exclusive os Municípios, legislar sobre educação e proteção à infância (Art. 24, incisos IX e XV).

No entanto, a execução dos programas é claramente atribuída aos Municípios, "com a cooperação técnica e financeira da União e do Estado" (Art. 30, inciso VI), como já foi mencionado.

Restaria mencionar, no que diz respeito à área educacional, a questão da participação popular. As leis de iniciativa popular poderão existir também no âmbito municipal (Art. 129, inciso XI), o que abre uma possibilidade para a influência de grupos da população sobre a política educacional adotada pelos Municípios.

A Seção sobre Educação do texto constitucional é extremamente lacônica no que se refere a esse aspecto, incluindo, dentre os princípios nos quais deve ser baseado o ensino, a "gestão democrática do ensino público, na forma de lei" (Art. 206, inciso VI). Segundo depoimento do Deputado Jorge Hage Sobrinho (*A gestão...*, 1988), a redação anterior à aprovação final do texto explicitava que essa gestão democrática deveria contar "com a participação de docentes, alunos, funcionários e representantes da comunidade" (p. 170). Cabe agora à Lei de Diretrizes e Bases recuperar o sentido mais amplo dessa gestão democrática.

O simples fato de a pré-escola e a creche serem administradas pelos Municípios deverá contribuir para essa participação, pois a experiência mais recente dos movimentos sociais ligados à educação indica que, na maior parte das vezes, os Municípios constituem um interlocutor mais próximo e acessível do que as instâncias mais centralizadas.

1.2. Direitos Sociais

Dentre os novos direitos adquiridos pelos trabalhadores, tanto urbanos como rurais, a partir da promulgação da nova Constituição, alguns dos mais importantes incidem também sobre a criança pequena: a extensão da licença-gestante para cento e vinte dias, a licença-paternidade e a "assistência gratuita aos filhos e dependentes desde o nascimento até seis anos de idade em creches e pré-escolas" (Art. 7º, incisos XVIII, XIX e XXV, respectivamente).

Embora a obrigação do empregador não seja definida claramente no texto, a inclusão dos dependentes de trabalhadores homens e não só de trabalhadoras, a menção a creches e pré-escolas e a definição da faixa etária até os seis anos constituem avanços importantes em relação à legislação trabalhista vigente, que, certamente, deverá ser reformulada nesse aspecto.

O item que se refere ao direito de as presidiárias amamentarem seus filhos (Título II, Capítulo I, Art. 5º, inciso I) reforça a intenção geral da Constituição de conferir ao atendimento à infância um destaque maior do que tinha na legislação passada. Com efeito, a legislação vigente só define a obrigação das empresas em relação a trabalhadoras mulheres e a crianças na fase de amamentação.

Outro aspecto importante é a equiparação de direitos entre trabalhadores urbanos e rurais, explicitamente indicada pelo texto.

A regulamentação do dispositivo contido no inciso XXV deverá suscitar alguma polêmica, pois são muitas as formas possíveis de se garantir esse direito, cada uma delas com vantagens e desvantagens para as partes envolvidas.

Algumas das alternativas que têm sido apontadas são:

— a manutenção de creches e pré-escolas pelas empresas, no local de trabalho;

— convênios entre empresas e creches ou pré-escolas existentes;

— abono creche para reembolso de despesas dos funcionários com mensalidades de creches e pré-escolas;

— pagamento de tributo ao Estado, na forma do salário-educação, vinculado ao financiamento de creches e pré-escolas públicas.

No caso das duas primeiras alternativas, torna-se importante a regulamentação da supervisão e fiscalização que deve ser feita sobre essas creches e pré-escolas, superando o atual problema de omissão do poder público nesse campo.

Como a realidade do mercado de trabalho, das relações patrão-empregado, das condições de vida e das características das empresas é extremamente variada no Território Nacional, comportando situações bastante diversas, seria importante que essa regulamentação fosse feita de forma a garantir, ao mesmo tempo, o cumprimento da intenção do legislador em todo o país, porém respeitando, através de alguma flexibilidade nas definições mais específicas, as diferentes realidades regionais e locais.

A nova Constituição não institui como direito dos servidores públicos civis e militares "a assistência gratuita aos filhos e dependentes desde o nascimento até seis anos" (Art. 7º, inciso XXV). Com efeito, no Capítulo VII, Seção II (Art. 39, parágrafo 2º) e Seção III (Art. 42, parágrafo 11º), relativas aos servidores públicos civis e militares, apesar de serem aplicadas várias disposições do Artigo 7º, é excluído o inciso XXV, que dispõe sobre o direito a creches e pré-escolas.

É viável prever-se que leis complementares preencham esta lacuna.

Existem precedentes a esse respeito, como o disposto no Decreto nº 93.408/86 sobre as entidades da administração federal direta e indireta e sobre as fundações sob supervisão ministerial, que devem instituir "creches e demais serviços de assistência pré-escolar" para os filhos de seus servidores, na faixa etária de 3 meses a 7 anos incompletos. Uma emenda da Constituição estadual vigente em São Paulo obriga também as repartições e órgãos estaduais a instalar creches, nos locais de trabalho, para os filhos de 0 a 6 anos de seus funcionários.

1.3. Seguridade Social

Há um grande avanço na concepção da Seguridade Social expressa na Constituição. Abrangendo as áreas de Previdência, Saúde e Assistência, que deverão atuar de forma integrada, ela transcende a visão de Seguro Social e responde aos direitos de cidadania quando consagra os princípios de universalidade, seletividade e distributividade, o que significa que deverá atender a todos de acordo com as necessidades e independente da contribuição. Assim, mesmo o não contribuinte será assistido: pela universalização dos programas de saúde, pela pensão aos idosos e deficientes sem recursos, que terá o caráter de um benefício previdenciário, e pelos programas propriamente assistenciais dirigidos a grupos vulneráveis da população, entre os quais as crianças. O Artigo 203, incisos I e II, da Seção da Assistência Social, define como objetivos da assistência social a proteção à família, à maternidade, à infância, à adolescência e à velhice, e o amparo a crianças e adolescentes carentes.

Fica também afirmado o caráter descentralizado das políticas de Seguridade Social no Artigo 204, inciso I, perdendo a União a função de executora que muitas vezes exerceu, ficando apenas com a função de normatizar e coordenar as políticas, cabendo aos Estados e Municípios executá-las. A delimitação deste papel coordenador da União deverá provocar alguma polêmica, na medida em que suscitará uma revisão da atuação de órgãos federais, como a Fundação Legião Brasileira de Assistência — LBA, que atualmente mantém programas na área de creches.

Esta questão envolve uma problemática bastante complexa, pois a LBA, por exemplo, é a instituição que vem garantindo, apesar das inúmeras deficiências, um atendimento numericamente significativo na área de creches em todo o país.

A redação do inciso I, que atribui "a coordenação e as normas gerais à esfera federal e a coordenação e a execução dos respectivos programas às esferas estadual e municipal, bem como a entidades beneficentes e de assistência social", confere alguma margem de opção para esta instituição, que poderia continuar a se responsabilizar pela coordenação desses programas, mas não mais por sua execução.

Isto poderia amenizar a transição para uma estrutura de execução descentralizada que, quando feita abruptamente, corre o risco de desmantelar programas consolidados após anos de trabalho, sem garantir sua substituição imediata por outra política de atendimento.

Um aspecto extremamente importante da inclusão do atendimento à infância, nos termos adotados, na área de Seguridade Social, é que ela garante um aporte de recursos que poderão ser somados às verbas da área de educação para a implantação de políticas voltadas para a criança pequena.

Acrescente-se que, nesse capítulo, a Constituição define que as contribuições dos empregadores incidirão não só sobre a folha de salários e o faturamento, mas também sobre o lucro (Art. 195, inciso I), o que constitui importante inovação.

Assim, as creches e pré-escolas públicas poderão ser mantidas com recursos governamentais previstos para a função Educação, Seguridade Social (Saúde, Previdência e Assistência Social) e recursos das empresas, administrados prioritariamente pelas prefeituras.

Também o que é definido no parágrafo 4º do Artigo 212 sobre os programas assistenciais inseridos no sistema educacional, tais como os programas suplementares de alimentação e assistência à saúde, poderá ser estendido a creches e pré-escolas. O referido parágrafo define que tais programas serão financiados com recursos provenientes de contribuições sociais e recursos orçamentários.

No que tange à participação popular, o texto sobre a Assistência Social é bem mais abrangente do que o da Educação. Define ele, no Artigo 204, inciso II, que as ações governamentais na área da assistência social deverão ser organizadas com base na "participação da população, por meio de organizações representativas, na formulação das políticas e no controle das ações em todos os níveis".

Por outro lado, da mesma forma que na Educação, está previsto o repasse de verbas públicas para entidades "beneficentes e de assistência social".

No caso da creche e da pré-escola, esta questão ganha um destaque especial, pois sabe-se que grande parte dos programas existentes funciona através de repasses de verbas para entidades privadas, como por exemplo a maioria das creches vinculadas à LBA. Esta realidade fica, portanto, reforçada com a nova Constituição, que reafirma a existência de redes públicas e conveniadas de creches e pré-escolas.

A legislação complementar poderá definir critérios para estes repasses que minimizem os problemas apontados pelos grupos que lutaram, durante o processo constituinte, para impedir essa destinação de verbas públicas para instituições privadas.

A questão da destinação das verbas públicas, com efeito, é um tema bastante controverso. O principal temor dos defensores da escola pública ou oficial é que, historicamente, a possibilidade de repasse de verbas tem representado uma evasão considerável dos recursos públicos disponíveis para a educação, esvaziando a importância da rede pública.

Outros artigos que incidem sobre a situação da criança pequena são o Artigo 227, que no seu parágrafo 1º afirma o direito da criança a programas especiais de saúde com percentual de recursos a eles destinados; e o Artigo 201, incisos II e III, da Seção da Previdência Social, onde é definida a ajuda a filhos de segurados de baixa renda e a proteção à maternidade, especialmente à gestânte.

1.4. Direitos da Criança

A criança e o adolescente mereceram especial atenção no Capítulo VII, "Da Família, Da Criança, Do Adolescente e Do

Idoso". O capítulo reafirma e amplia as políticas para faixas etárias que necessitam atendimentos específicos e cuidados especiais por não serem totalmente autônomas e responsáveis para promover o próprio desenvolvimento e buscar respostas às suas necessidades.

O Artigo 227 é, dos artigos da Constituição, aquele que define de forma mais abrangente os direitos da infância brasileira: "É dever da família, da sociedade e do Estado assegurar à criança e ao adolescente, com absoluta prioridade, o direito à vida, à saúde, à alimentação, à educação, ao lazer, à profissionalização, à cultura, à dignidade, ao respeito, à liberdade e à convivência familiar e comunitária, além de colocá-los a salvo de toda forma de negligência, discriminação, exploração, violência, crueldade e opressão".

Em seu parágrafo 6º, o artigo consagra a igualdade de "filhos nascidos ou não da relação do casamento, ou por adoção", que "terão os mesmos direitos e qualificações, proibidas quaisquer designações discriminatórias relativas à filiação".

O mesmo artigo determina que a adoção será regulada em lei, inclusive a adoção por estrangeiros, e haverá estímulos para o acolhimento sob forma de guarda de crianças órfãs e abandonadas (parágrafo 3º, inciso VI, e parágrafo 5º).

Resumindo. Por tudo o que foi visto, verifica-se que, a partir da promulgação da nova Carta, a tarefa de elaborar legislação complementar, formular políticas sociais, estabelecer prioridades orçamentárias e expandir o atendimento em creches e pré-escolas respalda-se em direitos constitucionais adquiridos pelas crianças brasileiras de 0 a 6 anos.

A descentralização política administrativa definida na Seguridade Social, abrangendo os setores da Saúde, da Previdência e da Assistência Social, e a responsabilidade atribuída ao Município em relação a pré-escolas e ao ensino fundamental indicam que uma política de creches e pré-escolas deverá ser executada prioritariamente pelo Município, com a colaboração técnica e financeira da União e do Estado.

De outra parte, os empregadores compartilham com essa obrigação do Estado, como indicam os direitos sociais da nova Constituição.

Deve-se prever, portanto, uma ampla reorganização, reorientação e regulamentação dos setores da política social vinculados à educação da criança pequena, no futuro próximo.

É preciso também considerar que este processo, agora, poderá ter o aporte das reivindicações da sociedade civil, que tem assegurada sua participação na formulação das políticas e no controle das ações, o que significa um importante avanço democrático e garantia de maior eficiência.

2. DIAGNÓSTICO

Neste capítulo de diagnóstico sobre o atendimento à criança de 0 a 6 anos foram incluídas duas partes: uma descrição analítica do quadro institucional e uma avaliação da cobertura, através das estatísticas disponíveis.

2.1. Quadro Institucional (1989)

Em nível federal atuavam, em 1989, na área de educação da criança pequena, cinco Ministérios: do Interior, da Educação, da Justica, da Saúde e do Trabalho[1].

A atuação desses ministérios não se efetua da mesma forma: os ministérios do Interior e da Educação desenvolvem programas que participam, direta ou indiretamente (através de convênios), da implantação de creches e de pré-escolas; os Ministérios da Justiça, da Saúde e do Trabalho desenvolvem apenas ações normatizadoras e fiscalizadoras.

---

1. Nota de revisão. Como foi mencionado na apresentação, este texto foi elaborado no início de 1989, tendo ocorrido desde então uma série de modificações administrativas. Vale destacar a extinção da FUNABEM e a criação da FCBIA (Fundação Centro Brasileiro para a Infância e Adolescência).

2.1.1. Ministério do Interior

Em 1989, o Ministério do Interior reunia três órgãos que atuavam na área de atendimento a crianças de 0 a 6 anos através de creches: a Fundação Legião Brasileira de Assistência — LBA; a Fundação Nacional do Bem-Estar do Menor — FUNABEM e a Secretaria Especial de Ação Comunitária — SEAC.

Estes três órgãos foram criados em momentos históricos diversos, viveram trajetórias político-administrativas próprias e atribuem prioridade desigual, tanto no plano de metas quanto de abrangência territorial, à educação de crianças de 0 a 6 anos. Porém, sua forma privilegiada de atuação tem sido o repasse direto de verbas para prefeituras e/ou instituições privadas (filantrópicas, comunitárias e outras) através de convênios.

2.1.1.1. Fundação Legião Brasileira de Assistência — LBA

A LBA foi criada em 1942, tendo como objetivo inicial amparar os convocados para a II Guerra Mundial e suas famílias. Porém, desde sua criação, suas metas previam sua fixação como instituição destinada a desenvolver serviços de assistência social. Sua vocação para abranger o Território Nacional se evidencia desde o início (em 1944 sua ação já atingia 1.562 municípios), podendo ser considerada "como a primeira instituição de assistência social de âmbito nacional" (Vieira, 1986, p. 191).

Apesar de sua vinculação administrativa e sua história orçamentária terem sido bastante atribuladas[2] e de ter alterado metas, prioridades e concepções de trabalho, a LBA sobrevive às mudanças

---

2. Até 1956 a LBA era mantida pelos Institutos de Previdência; entre 1956 e 1965 (ano em que se transforma em Fundação) depende de recursos da União; em 1969 recebe 40% da renda líquida da loteria esportiva; em 1974 é absorvida pelo recém-criado Ministério da Previdência e Assistência Social; a partir de 1988, com a extinção deste ministério, passa a integrar o Ministério da Habitação e Bem-Estar Social, para, finalmente, em 1989, ser incorporada ao Ministério do Interior.

políticas que ocorreram no país, transmite uma imagem de vitalidade (em 1989 empregava 9.450 funcionários), ampliando sua penetração no Território Nacional: em 1987, apenas seu programa de creches atingia 3.107 Municípios brasileiros (aproximadamente 74% dos Municípios existentes no país).

A partir de 1977 passa a atuar de forma sistemática na área da creche — com a criação do Projeto Casulo — período em que, de acordo com Lívia Maria Fraga Vieira, a LBA se revitaliza, formulando programas de cunho nacional e traçando metas, também nacionais, visando impacto político social (Vieira, 1986, p. 209).

O Projeto Casulo tem, de início, um caráter experimental, sendo implementado em apenas quatro Estados. Expande-se intensamente a partir de 1981, transformando-se no principal programa da instituição (Tabela 2.1.1): em 1987 o programa de creches absorveu 36,58% do seu orçamento, não incluídas as despesas de administração e supervisão (FLBA, 1988, p. 9).

Tabela 2.1.1
Projeto Casulo: Evolução de atendimento entre 1978/1987

Exercício	Crianças atendidas	Índice de crescimento (%)
1977	21.280	—
1978	149.509	100
1979	169.139	113
1980	290.591	194
1981	323.259	216
1982	467.392	313
1983	908.302	608
1984	1.015.037	679
1985	838.560	561
1987	1.709.020	1.143

Fontes: Vieira, 1986, p. 288; FLBA, 1988.

Desde sua fixação até 1987, o Programa de Creches da LBA apresentava algumas características estáveis: trata-se de um programa nacional (provavelmente o único), seja por sua abrangência territorial, seja pelo fato de definir metas nacionais de atendimento, apesar da diversidade das creches a ele vinculadas; sua opção tem sido por uma atuação através de convênios, repassando verbas seja às prefeituras ou a instituições privadas (em 1987, apenas 3% das creches eram mantidas diretamente pela LBA. Ver Tabela 2.1.2); atende prioritariamente a população de baixa renda; a jornada diária pode ser de 4 ou 8 horas (correspondendo a *per capita* diferentes); as creches são instaladas em equipamentos simples, procurando aproveitar espaços "ociosos" da comunidade, e são orientadas por uma concepção preventiva e compensatória de atendimento infantil.

Tabela 2.1.2
Projeto Casulo: Evolução do atendimento direto/indireto
(em %)

Exercício	Direto	Indireto
1982	4,4	95,6
1983	15,0	85,0
1984	16,4	83,6
1985	4,9	95,1
1987	3,3	96,7

Fontes: Vieira, 1986, p. 289; FLBA, 1988.

Dentre as características estáveis do Programa de Creches da LBA, merece destaque a insuficiência do *per capita* que repassa, obrigando, muitas vezes, a que os equipamentos conveniados estabeleçam convênios com outras instituições: em 1981, a LBA admitia que o *per capita* repassado garantia apenas 20% do custo de manutenção de uma criança (apud Vieira, 1986, p. 286); em 1986 o *per capita* para atendimento em 8 horas equivalia a US$ 4.04, sendo que um estudo realizado pela própria instituição apontava que o custo real de uma criança, neste mesmo regime horário, alçava a US$ 26.5, contribuindo em apenas 15%; em janeiro de 1989 o *per capita* mensal para atendimento em 8 horas correspondia a US$ 5.09.

A partir de críticas formuladas por agentes internos e externos e pelos próprios beneficiários, têm-se observado, nos últimos anos, algumas alterações na proposta de creches da LBA: permissão de maior flexibilidade no uso das verbas dos convênios; expansão do regime de 8 horas que, se em 1983 atingia 44,7% do atendimento, em 1987 ultrapassava o de 4 horas; prioridade à faixa etária de 3 a 36 meses, tendo sido prevista em 1988 uma "diferenciação do *per capita* para crianças até 24 meses, considerando os custos mais elevados deste atendimento (FLBA, 1988, p. 9)[3].

De acordo com estatísticas publicadas, em 1987 teriam sido atendidas pelo programa de creches da LBA 1.709.020 crianças/mês, com uma distribuição bastante desigual no Território Nacional[4]: num extremo a Região Centro-Oeste, com 4,90% do atendimento e em outro o Nordeste, com 42,40% (Tabela 2.1.3). Da mesma forma, os equipamentos se distribuem desigualmente pelo país: 4,58% se situam na Região Centro-Oeste e 29,58% no Nordeste.

O mesmo *Relatório Geral de 1987* permite que se constate uma diferenciação bastante intensa na média de crianças/mês atendidas por equipamento (Tabela 2.1.4): se a média nacional equivalia a 77,8 crianças/mês por equipamento, na Região Nordeste encontrava-se a média mais alta (111,5 crianças/mês por creche) e na Região Norte a mais baixa (42,1 crianças/mês por creche). Estas diferenças podem ser parcialmente explicadas pela diversi-

---

3. A distribuição do atendimento por idades foi publicada, a nosso conhecimento, apenas no relatório de 1981: "neste ano, 61,3% das crianças atendidas em creches tinham entre 4 e 6 anos de idade" (Campos, 1985, p. 5).

4. O relatório não informa o significado da expressão "criança/mês". Possivelmente equivale à quantidade de *per capita* repassado por mês, o que não significa que corresponda ao número de crianças atendidas (contrariamente ao que informam as tabelas). Este superdimensionamento provável do número de crianças beneficiadas será discutido posteriormente.

dade do horário de atendimento (4 ou 8 horas), informação que não consta do relatório supracitado.

Tabela 2.1.3
Atendimento em creches por região
Brasil - LBA - 1987

Regiões	Unidades de creches	%	Execução direta	Execução indireta	Total	%
Norte	4917	22,40	2240	205110	207350	12,13
Nordeste	6496	29,58	9010	715700	724710	42,40
Sudeste	4523	20,60	4590	359970	364560	21,33
Sul	5016	22,84	37740	291060	328800	19,24
Centro-Oeste	1006	4,58	2740	80860	83600	4,90
Total geral	21958	100,00	56320	1652700	1709020	100,00
			3,30%	96,70%		100,00

Fonte: FLBA, 1988.

Os relatórios de 1982 e 1983 contêm informações sobre a composição sócio-econômica da população atendida: em 1982, 61% dos atendimentos correspondiam a crianças provenientes de famílias com renda familiar mensal inferior a um salário mínimo; em 1983 eram 65% os atendimentos que se situavam nesta faixa salarial (Campos, 1985, p. 7).

Nos últimos anos foram realizados vários trabalhos, de âmbito nacional ou regional, avaliando a atuação da LBA. Em 1985, Maria Malta Campos efetuou uma síntese das conclusões contidas nos trabalhos até então produzidos, onde se percebe que os principais problemas abordados pelas pesquisas examinadas[5] não são diferentes, provavelmente, daqueles enfrentados pela grande maioria das creches brasileiras (Campos, 1985).

---

5. Foram elas: Rosseti-Ferreira et al. (1981); Franco (1983; 1984); Miranda (1981 e s/d); SECAF (s/d); Toscano (1980); Vieira e Camargos (s/d e 1983). A esta lista devem-se acrescentar: Vieira (1986) e Lovisolo (1987).

Tabela 2.1.4
Atendimento em creches por unidades da federação
Brasil — LBA

	Unidades de creche nº	%	Crianças atendidas nº	%	Média de crianças por creche
NORTE					
RO	113	2,30	18740	9,04	165,84
AC	82	1,68	6280	3,03	76,58
AM	212	4,31	37460	18,06	176,69
RR	17	0,34	1890	0,91	111,17
PA	4350	88,47	130630	63,00	30,02
AP	143	2,90	12350	5,96	86,36
Subtotal	4917	100,00	207350	100,00	42,17
SUDESTE					
MG	1221	27,00	84260	23,11	69,00
ES	1173	25,93	75020	20,58	63,95
RJ	378	8,36	37890	10,39	100,23
SP	1751	38,71	167390	45,92	95,59
Subtotal	4523	100,00	364560	100,00	80,60
NORDESTE					
MA	686	10,57	103580	14,29	150,99
PI	953	14,67	64530	8,90	67,71
CE	367	5,65	136900	18,89	373,02
RN	814	12,53	72550	10,01	89,12
PB	560	8,62	36750	5,07	65,62
PE	792	12,19	46870	6,47	59,17
AL	331	5,09	21770	3,00	65,77
SE	543	8,36	41330	5,71	76,11
BA	1450	22,32	200430	27,66	138,22
Subtotal	6496	100,00	724710	100,00	111,56
SUL					
PR	1734	34,57	99080	30,13	57,13
SC	1596	31,82	114990	34,97	72,04
RS	1686	33,61	114730	34,90	68,04
Subtotal	5016	100,00	328800	100,00	65,55
CENTRO-OESTE					
MS	570	56,66	26730	31,97	46,89
MT	65	6,46	17790	21,29	273,69
GO	198	19,68	27900	33,37	140,90
DF	173	17,20	11130	13,37	64,62
Subtotal	1006	100,00	33600	100,00	83,10

Fonte: FLBA, 1988.

O primeiro aspecto apontado por Campos (1985) diz respeito ao que efetivamente representam os recursos alocados quando confrontados com os custos reais de cada creche: o que aparentemente pode parecer uma solução barata, que amplia as vagas para um maior número de crianças, na realidade corresponde a condições de atendimento precárias, cujo custo recai, em grande parte, sobre aquela mesma população considerada "carente", que se deseja assistir. Por exemplo, o fato de o espaço de instalação da creche ser cedido ou precário (visando o baixo custo) acaba gerando condições de vida inadequadas para as crianças e para os profissionais (Lovisolo, 1987).

Em segundo lugar, nos mesmos programas onde se constatam falta de programação pedagógica e deficiência de pessoal docente, às vezes estão empregados vários funcionários técnicos e administrativos, em cuja remuneração é consumida grande parte das verbas disponíveis.

Além dessas diferenciações internas, as creches discrepam também entre si.

Isto se vê agravado pelas diferenças observadas em relação à contribuição das famílias, pois a contrapartida de uma menor contribuição do Estado é sempre a maior contribuição daquelas famílias que têm menos para dar.

Outro traço que aparece com clareza em todos os estudos é a pouca importância conferida à dimensão educativa. Nesse caso são importantes as observações contidas nas pesquisas de Ribeirão Preto (Rosseti-Ferreira et al., 1981), onde se verifica que nem sempre um maior número de adultos consegue criar um ambiente interacional mais favorável às crianças. Como as pesquisas em outros países já mostraram, são as creches menores, com organização mais flexível e menos hierarquizada, que possuem melhores condições de desenvolver um bom trabalho educacional.

Além disso, o fato de, em determinadas regiões, as creches atenderem majoritariamente crianças entre 3 e 6 anos (ou mesmo 7 anos) e não desenvolverem atividade educativa sistemática acaba por frustrar expectativas da família, que esperam do equipamento um atendimento de tipo pré-escolar.

Esta descrição sucinta da atuação da LBA na área de creches no Brasil aponta para algumas questões a serem enfrentadas a partir dos desdobramentos possíveis da nova Constituição. Destacamos: sua abrangência territorial e o número de funcionários que emprega; o caráter de emergência e predominantemente assistencial de seu atendimento; a diversidade na qualidade de atendimento que os equipamentos conveniados oferecem; a insuficiência do *per capita* para a manutenção da criança; a fragilidade das estatísticas, inadequadas para a elaboração de diagnósticos necessários à formulação de planos; uma certa flexibilidade interna que pode propiciar a adequação da Fundação a novas propostas e, finalmente, sua atuação, que, paradoxalmente, não consegue desempenhar uma função normatizadora e coordenadora no nível dos programas federais de creche mas que, ao mesmo tempo, a extrapola, repassando verbas diretamente a instituições e Municípios, ou mantendo creches diretas.

2.1.1.2. Fundação Nacional do Bem-Estar do Menor — FUNABEM (atualmente CBIA)

A Fundação Nacional do Bem-Estar do Menor, entidade com personalidade jurídica de direito privado, foi instituída a 1º de dezembro de 1964, como órgão diretamente vinculado à Presidência da República, substituindo o Serviço de Assistência ao Menor — SAM, que era subordinado ao Ministério da Justiça. Em 1990 foi extinta, sendo substituída pela Fundação Centro Brasileiro da Infância e Adolescência.

Sua criação foi resultado de uma longa luta iniciada, ainda na década de 40, por pessoas vinculadas a setores do governo e da Igreja, entre as quais se destaca a Ação Social Arquidiocesana da Arquidiocese do Rio de Janeiro, e interessadas em propor uma reformulação no atendimento do menor abandonado, cuja educação e recuperação vinham sendo efetuadas através de processos inadequados "... antiquados e onerosos, de intervenção em massa, segregando o menor da família..." (Cunha, 1980, p. 3).

O anteprojeto inicial, depois de muitos contratempos e algumas reformulações, foi transformado na Lei nº 4.513 que, fixando as diretrizes fundamentais da política nacional do bem-estar do menor, extinguia o SAM e criava a FUNABEM. No texto da lei previu-se a criação de um órgão com autonomia administrativa, técnica e financeira, tendo por finalidade formular e implantar a política nacional do bem-estar do menor, mediante o estudo do problema, o planejamento das soluções, a orientação, coordenação e fiscalização das entidades que executam essa política.

Na exposição dos motivos para justificar o projeto de criação de uma Fundação autônoma, argumentou-se que um órgão com a incumbência de realizar a tarefa que lhe era atribuída não poderia estar subordinado à burocracia dos órgãos de governo e nem vinculado a um determinado Ministério, uma vez que lhe caberia tratar de problemas ligados a vários Ministérios.

Entretanto, com a criação do Ministério da Previdência e Assistência Social — MPAS em 1974, a FUNABEM a ele fica subordinada, por entender o Governo Federal que o problema do menor deveria ser tratado em conjunção com os demais problemas da área social. Esta vinculação, entretanto, não se propôs alterar a política nacional do bem-estar do menor, "reforçou-a, ao engajar seu órgão formulador — FUNABEM — no âmbito de outros órgãos cujo alvo é também contribuir para o desenvolvimento social, com a vantagem de racionalizar as ações setoriais pela integração e coordenação proporcionadas pelo ministério específico" (FUNABEM, 1975, p. 31). A 1º de setembro de 1977, a Lei nº 6.439 incluiu a FUNABEM ao Sistema Nacional de Previdência e Assistência Social — SINPAS.

Entre outras disposições, a Lei nº 4.513 criava, de acordo com o Artigo 8º, o Conselho Nacional, que deveria elaborar, no prazo de trinta dias após a sua instalação, os Estatutos da Fundação Nacional do Bem-Estar do Menor. Os Estatutos, aprovados a 14/7/1965 pelo Decreto nº 56.575, foram alterados pelo Decreto nº 67.324 (de 2/10/1970), que, por sua vez, foi revogado, vigindo em 1989 o Estatuto aprovado pelo Decreto nº 83.149, de 8/2/1979.

No plano de vinculação ministerial, a FUNABEM passou, entre final de 1988 e início de 1989, por diversas modificações: a partir de setembro de 1988 integrou o Ministério de Habitação e Bem-Estar Social; em início de janeiro de 1989, por 24 horas, voltou a ser incorporada ao MPAS, encontrando-se, em 1989, vinculada ao Ministério do Interior.

No plano orçamentário, em 1989, a FUNABEM (como a LBA e a SEAC) não mais participava do Fundo da Seguridade, mas sim do caixa único da União, subordinado ao Ministério da Fazenda e à Secretaria do Tesouro Nacional.

No plano interno, a FUNABEM passou por intenso processo de reordenamento de metas e estratégias a partir do advento da Nova República. Em 1986, a Fundação iniciou o reexame "de seu próprio desempenho quanto aos resultados colhidos no decorrer do tempo, nos programas que orienta e apóia, técnica e financeiramente, nos diferentes Estados da Federação" (FUNABEM, 1987b, p. 26). A crítica à sua própria atuação é bastante rigorosa, assumindo que reproduzia os "males tradicionais da administração pública brasileira": centralização excessiva; ênfase no controle da sociedade pelo Estado, burocratismo dispendioso; clientelismo político; baixa remuneração dos servidores; baixo investimento em recursos humanos. "A essas questões acrescente-se a herança da política seguida nas últimas duas décadas, pela FUNABEM e órgãos estaduais, de implantação do modelo correcional-repressivo apoiado na construção de grandes centros de internamento de crianças e adolescentes, cujos resultados negativos são públicos e notórios" (FUNABEM, 1987a, p. 16).

A partir desta avaliação foi elaborado o *Diagnóstico Integrado para uma Nova Política de Bem-Estar do Menor* (que recebeu apoio técnico da Fundação João Pinheiro) que, dentre suas recomendações, propõe a delimitação da população a ser atendida pelo órgão: crianças e adolescentes de 7 a 18 anos em situação de risco pessoal e social.

Nesse momento, teria ocorrido um início de divisão de competências entre a LBA e a FUNABEM quanto ao atendimento em creches: "quanto aos menores de 0 a 6 anos, o atendimento que já vinha sendo feito, por impossibilidade da FLBA assumir, integralmente, essa clientela, no presente exercício, ficou ainda a cargo da FUNABEM, que adotou a decisão de não abandoná-los. Por esta razão, mesmo na elaboração do planejamento e orçamento para 1988, foi mantida a mesma meta para esse atendimento transitório, com os necessários recursos. O que se espera é que efetivamente a FUNABEM, nesta faixa etária de 0 a 6 anos, possa ficar, somente, com os menores sob tutela judicial" (FUNABEM, 1987b, p. 27). De acordo com informações obtidas junto à FUNABEM em fevereiro de 1989, os convênios que previam duração até 1989 deveriam continuar vigindo nesse período.

Tínhamos, então, em 1989, dois órgãos (LBA e FUNABEM), subordinados ao mesmo Ministério, que atuavam em paralelo estabelecendo convênios, em separado, com creches. É verdade que o número de convênios a cargo da FUNABEM em 1988 era bastante reduzido (275), não cobrindo todo o Território Nacional. Por que ocorre esta duplicação, ou seja, o que significa, de fato, esta "impossibilidade de a LBA assumir certos projetos"?

Em primeiro lugar, deve-se destacar a insuficiência, já apontada, do *per capita* da LBA, que não cobre o custo real de uma criança. Isto obriga a entidade ou a prefeitura a buscar fontes complementares de recursos. Em segundo lugar, os parâmetros da FUNABEM na avaliação de projetos eram mais flexíveis que os da LBA, seja no que diz respeito ao tipo de atendimento previsto pela instituição, seja quanto ao montante e destino das verbas alocadas. Assim, por exemplo, o projeto de Lares Vicinais da FEBEM/RS, que atende crianças além dos 7 anos, não se coaduna com os parâmetros do Projeto Casulo, mas pode receber verbas da FUNABEM. Apesar de trabalhar com um *per capita* prefixado (em setembro de 1988 equivalia a US$ 7.00 para atendimentos em semi-internato, valor ligeiramente mais elevado que o da LBA), seu valor funciona apenas como parâmetro, pois os recursos repassados aos equipamentos dependem dos projetos enviados à FUNABEM pelas instituições. Por exemplo, no Estado do Ceará, os valores por criança/ano repassados às creches pela FEBEM/CE em 1988 variaram de Cz$ 15.837,00 a Cz$ 47.492,00[6].

A análise dos convênios firmados pela FUNABEM em 1989 aponta para as seguintes tendências: privilegiamento de repasse de verbas a instituições privadas em detrimento do repasse a prefeituras; diversidade dos tipos de creches conveniadas, seja quanto à modalidade (institucional, domiciliar, comunitária), ao tamanho (variando de 10 a mais de 300 crianças) ou ao tipo de instituição mantenedora (associação de bairro, prefeitura, OMEP[7]). A distribuição dos convênios pelas unidades da federação encontra-se na Tabela 2.1.5.

Não encontramos dados sobre as características da clientela atendida por estas creches. Não encontramos, também, na bibliografia, avaliações específicas sobre as creches conveniadas com a FUNABEM. Detectou-se, porém, que é possível a uma mesma creche manter simultaneamente convênio com a LBA e a FUNABEM.

---

6. É verdade que não dispomos de informações sobre o regime de atendimento.

7. De acordo com informações obtidas, a OMEP teria convênio com a FUNABEM para a manutenção de quinze creches em Mato Grosso do Sul.

Tabela 2.1.5
FUNABEM: Convênio com creches — 1988

Unidades da Federação	Nº de convênios	Meta*
RN	51	2.319
PA	11	13.680
PR	1	100
MT	10	620
PE	9	767
MS	2	850
AC	4	400
RR	2	60
RS	5	270
CE	11	4.020
GO	56	2.628
AL	19	1.540
MG	94	5.326
Total	275	32.580

Fonte: FUNABEM, nov./88.
* Possivelmente número de crianças atendidas pelo convênio.

Resumindo. O atendimento em creches não constituia objetivo prioritário da FUNABEM, não se distribui por todo o Território Nacional (em 1988 mantinha convênios com apenas treze Unidades da Federação) e se destina a um número relativamente pequeno de crianças (32.580 crianças/meta em creches durante 1988, sem que se saiba efetivamente quantas se situam na faixa de 0 a 6 anos).

Diante do exposto e do confronto entre os perfis da LBA e da FUNABEM, parece-nos de extrema urgência que estas duas instituições, desde 1974 vinculadas aos mesmos Ministérios, não mais se sobreponham no atendimento a crianças de 0 a 6 anos em creches, e que as metas previstas no Relatório da FUNABEM de 1987 sejam efetivamente aplicadas, isto é, que passe a atender somente aquelas crianças sob tutela judicial. Deve-se, porém, atentar para o fato de que estas crianças também, diante das deliberações da nova Constituição, terão direito a atendimento de natureza educacional; a ambigüidade da expressão crianças vivendo situação de "risco social", contida em documentos da FUNABEM, geralmente se refere também à população pobre, abrindo margem, novamente, para a duplicação de serviços dentro de um mesmo Ministério.

2.1.1.3. Secretaria Especial de Ação Comunitária — SEAC

A SEAC foi criada em 1985, administrativamente vinculada ao Gabinete da Presidência da República. Desde sua criação até 1989, a SEAC, da mesma forma que a LBA e a FUNABEM, viveu história administrativa acidentada: esteve vinculada à SEPLAN (Secretaria de Planejamento e Coordenação da Presidência da República), retornou ao Gabinete da Presidência, foi transferida para o Ministério da Habitação e do Bem-Estar Social, constituindo, ainda em 1989, órgão do Ministério do Interior.

A SEAC desenvolvia dois programas destinados às crianças de 0 a 6 anos ligados à área de nutrição e saúde (Programa Nacional do Leite e Projeto Cresça Criança, este último conveniado com o UNICEF) e dois subprogramas que podiam financiar o atendimento em creches: os subprogramas de Creches Comunitárias e o da Campanha de Roupas e Agasalhos.

Estes subprogramas, iniciados desde a criação da SEAC, vinculavam-se à Coordenadoria Nacional dos Programas de Ações Comunitárias — PAC. Seu objetivo era repassar, também a creches comunitárias, mediante intermediação da prefeitura, recursos financeiros a fundo perdido para construção, reforma ou compra de equipamentos e utensílios, e a aquisição de roupas, agasalhos, lençóis, cobertores, fraldas etc.

Os projetos, para receberem apoio financeiro, deveriam incluir a participação da prefeitura e da comunidade, seja através da doação de material, de mão-de-obra ou mesmo de verbas.

Não foi possível dispor de dados que informassem sobre a extensão desses subprogramas. Outras informações necessárias, como definição de creche comunitária, parâmetros para avaliação dos projetos também não estavam disponíveis.

Resumindo. O Ministério do Interior englobava, no início de 1989, três órgãos que atuavam direta ou indiretamente no atendimento a crianças de 0 a 6 anos através de creches. Tais órgãos atuavam predominantemente repassando verbas, via convênios, para prefeituras e entidades particulares. A sobreposição de sua atuação é evidente (todos repassavam verba para construção e/ou manutenção de equipamentos), havendo indícios de que uma mesma instituição podia estabelecer convênios simultaneamente com os três órgãos.

Além disso, a tradição dos três órgãos tem sido a de atuação direta junto a Municípios e instituições (sem passar pelos órgãos estaduais), tradição que deveria ser revista diante da definição de competência da esfera federal.

Para finalizar, salientamos que os dados referentes ao atendimento desses órgãos transcritos neste item não têm o valor de indicadores de cobertura, dada a imprecisão conceitual em que se apóiam e a discordância, quando comparados aos de outras fontes, questão que discutiremos no item 2.2 deste capítulo.

2.1.2. *Ministério da Educação — MEC*

Refletindo o momento político em que foi promulgada, a Lei nº 5.692/71 praticamente ignorou a educação da criança pré-escolar. É o Artigo 19 que, de forma extremamente vaga, estabelece que "os sistemas de ensino velarão para que as crianças de idade inferior a 7 anos recebam conveniente educação em escolas maternais, jardins de infância e instituições equivalentes".

O pequeno interesse concedido à pré-escola e o caráter vago da redação do texto são fatores que determinaram, pelo menos parcialmente, a inexistência de uma política educacional nacional progressiva para esta faixa da população no nível do Ministério da Educação. As carências aqui são primárias: textos produzidos pelo MEC são inconsistentes quanto ao conceito de pré-escola, bem como quanto ao limite inferior da faixa etária a que se referem. Reflexo dessa falta de orientação são, também, as várias mudanças administrativas que ocorreram no MEC no nível da pré-escola, constituindo tentativas pontuais para responder à pressão de setores da população que reivindicam este atendimento.

Em 1974 o MEC constituiu um grupo de estudos do qual resultou uma proposta (que se situou neste nível) de categorização do atendimento por faixa etária: 0 a 1 ano, creches; 2 a 3 anos, escolas maternais; 4 a 6 anos, jardins de infância. Esta categorização não foi incorporada seja em nível federal, seja no nível das Secretarias Estaduais ou Municipais da Educação. Por exemplo: o Ministério da Saúde reserva o atendimento em creches para crianças entre 3 meses e 4 anos (Portaria nº 321 de outubro de 1988); os Censos Escolares, realizados anualmente pelo SEEC/MEC, até 1976 ignoravam, entre os pré-escolares, as crianças com menos de 2 anos; no Município de São Paulo, a Secretaria da Promoção Social mantém uma rede de creches que atende crianças até 6 anos e 11 meses, e a Secretaria Municipal da Educação denomina suas pré-escolas de Escolas de Educação Infantil.

A partir deste grupo de trabalho de 1974, o MEC criou, extinguiu e modificou diferentes órgãos para cuidar da educação pré-escolar: em 1975 foi criado o Setor de Educação Pré-escolar — SEPRE, vinculado ao então Departamento de Ensino Fundamental; o SEPRE transformou-se em Coordenação (CODEPRE), e ainda em 1975 foi alçado à posição de Coordenadoria de Educação Pré-escolar — COEPRE.

Em 1981, o MEC lançou o Programa Nacional de Educação Pré-escolar, integrando Secretarias de Estado da Educação e o MOBRAL, tendo tido uma rápida ascensão, sendo responsável por 50% do atendimento pré-escolar público no país em 1982 (Souza e Kraemer, 1988, p. 66).

"Neste período foram realizados convênios entre o MEC e as Secretarias Estaduais de Educação, com a finalidade de expandir a pré-escola, dando preferência a modelos alternativos às modalidades convencionais de jardim de infância, que possibilitassem uma maior cobertura de atendimento e a participação da família e da comunidade" (Brasil, MEC, 1988b, p. 15). É o momento em que se procura expandir o atendimento com barateamento de custos, os quais na maioria das vezes são repassados para a comunidade, seja através do trabalho voluntário ou semivoluntário, seja pela diminuição da qualidade do serviço prestado.

Em 1986, a Secretaria de Ensino de 1º e 2º Graus — SEPS do MEC "assume com intermediação das Delegacias do MEC, nos Estados e Territórios, a coordenação das ações pré-escolares que deixaram de ser realizadas pelo MOBRAL" quando de sua extinção (Brasil, MEC, 1988b, p. 15).

Com a extinção da SEPS (final de 1986), foram criadas a Secretaria de Ensino de 2º Grau — SESG e a Secretaria de Ensino Básico — SEB, cuja Subsecretaria de Desenvolvimento Educacional abrigava o grupo de trabalho sobre o pré-escolar na Coordenadoria de Recursos Técnicos. Em 1988 é criada a Coordenadoria de Apoio Pedagógico à Educação Pré-escolar, que assumiu as questões referentes à pré-escola em substituição à Coordenadoria de Recursos Técnicos, órgão que continua a integrar a Subsecretaria de Desenvolvimento Educacional da SEB.

Portanto, até 1989, a educação pré-escolar não ultrapassou, no organograma do MEC, o nível de Coordenadoria.

Na área do pré-escolar o MEC vem atuando em quatro níveis: 1) coordenando e normatizando a educação pré-escolar através da definição de metas e da emissão de pareceres (estes últimos através do Conselho Federal de Educação); 2) coordenando a realização dos Censos Escolares anuais que incluem a pré-escola, através do Serviço de Estatística da Educação e Cultura — SEEC; 3) mantendo diretamente uma rede de pré-escolas federais; 4) desenvolvendo programas específicos de apoio à pré-escola, através do repasse de verbas.

Quanto ao primeiro nível de atuação, o que pudemos apurar é que um dos objetivos programáticos do MEC para 1987 era "expandir a oferta de educação pré-escolar, principalmente nas áreas menos desenvolvidas" (IPEA, 1988, p. 94) e que não existem parâmetros federais para a conceituação e definição de critérios de funcionamento de pré-escolas, sendo matéria regulamentada pelos Conselhos Estaduais de Educação.

Torna-se difícil compreender como esta meta poderia ser atingida quando se percebe a diminuição de despesas realizadas pelo MEC com o subprograma de educação pré-escolar, que, em 1985, correspondia a 4% das despesas efetuadas por esse Ministério e em 1987 a apenas 2,89%[8] (IPEA, 1988, p. 129).

Quanto aos segundos e terceiros níveis de atuação, eles serão discutidos no item 2.2 deste capítulo, que trata da cobertura do atendimento pré-escolar.

Quanto ao quarto nível de atuação, o MEC desenvolvia, em 1988, três programas de apoio ao pré-escolar: Programa Municipal de Educação Pré-escolar sob a responsabilidade da Coordenadoria de Apoio Pedagógico à Educação Pré-escolar da SEB; Programa de Desenvolvimento da Educação Pré-escolar desenvolvido na Secretaria de Ensino Especial — SESPE; Programa Nacional de Alimentação Escolar mantido pela Fundação de Assistência ao Escolar — FAE.

Programa Municipal de Educação Pré-Escolar. Constitui-se no repasse de recursos financeiros para prefeituras e entidades por meio de convênios firmados entre as Delegacias Estaduais do MEC e as prefeituras, através das Secretarias ou Departamentos Municipais da Educação. Esses recursos podiam ser aplicados no pagamento ou complementação do salário (professor ou supervisor), na capacitação de recursos humanos e na compra de material didático.

Esse programa foi avaliado em 1987, através de instrumento de coleta de dados bastante completo. O aspecto mais marcante

---

8. Em 1987 o MEC destinou à educação pré-escolar Cz$ 1.059 milhões assim distribuídos: Cz$ 789 milhões às Secretarias Estaduais de Educação, Cz$ 187 milhões aos municípios e Cz$ 70 milhões às instituições privadas.

do programa foi essa sua abrangência territorial, pois atingia, em 1987, quase a totalidade dos municípios brasileiros: 4.142. Os convênios eram firmados predominantemente com prefeituras (92,1%), atingindo 623.912 crianças, empregando 23.924 professores, o que dá uma média de 26 crianças por professor (Tabela 2.1.6).

A avaliação, além do quadro descritivo, levanta as principais dificuldades encontradas para a operacionalização do programa, dificuldades estas que refletem os problemas habituais enfrentados por projetos de creches ou pré-escolas que tentam o milagre da reprodução dos pães: atender muitas crianças, rapidamente, com poucos recursos financeiros e empregando mão-de-obra com qualificação insuficiente.

Transcrevemos a seguir, na íntegra, a avaliação deste programa, por ser modelar e explícita:

"a) Dificuldades de Ordem Infra-estrutural

O espaço físico precário de algumas classes de pré-escolar foi apontado como uma dificuldade que compromete a qualidade do trabalho. Este aspecto envolve também a escassez de recursos materiais nas classes, o que condiciona um meio educacional carente das condições mínimas necessárias para o desenvolvimento de um trabalho pedagógico. Soma-se a isto a dificuldade de acesso a alguns Municípios, impedindo que ocorra um processo de supervisão e acompanhamento sistemático que venha subsidiar o professor *in loco*.

b) Dificuldades de Ordem Administrativa

As dificuldades de ordem administrativa começam com o atraso nas assinaturas dos convênios, o que ocasiona a demora no repasse dos recursos financeiros para os Municípios, dificultando, em última instância, o pagamento do professor na época devida.

Tabela 2.1.6
Programa municipal de Educação pré-escolar — situação do programa por UF — 1987

UF	Nº de munic. (A)	Número de convênios munic. (B)	Ent.	Tot.	%(B/A)	Nº de professores Munic.	Ent.	Tot.	Número de turmas Munic.	Ent.	Tot.	Número de crianças atendidas Munic.	Ent.	Tot.	Nº munic. com superv.	Nº criança por prof.	Nº tec. DEMEC	Nº munic. com superv. por tec. do DEMEC
AC	9	9	0	9	100	73	0	73	73	0	73	1917	0	1917	9	26	4	2
AM	64	10	3	27	30	150	170	320	150	170	320	4500	5100	9600	18	30	3	6
AP	5	3	0	3	60	25	0	25	25	0	25	712	0	712	3	28	4	1
PA	87	79	4	3	90	597	21	618	597	21	618	17818	445	18263	79	30	6	13
RR	8	4	0	4	50	14	0	14	14	0	14	323	0	323	0	23	2	0
MT	84	57	2	59	63	245	35	280	245	35	280	6168	875	7043	59	25	3	19
MS	65	46	0	46	71	199	0	199	205	0	205	5808	0	5808	47	29	5	9
GO	224	148	53	201	66	1002	168	1170	1002	168	1170	28016	4546	32562	148	28	6	24
AL	96	87	1	88	91	559	5	564	559	5	564	16770	150	16920	87	30	11	8
BA	367	264	60	324	72	851	195	1046	851	195	1046	21275	4875	26150	264	25	9	29
CE	152	114	18	132	75	1223	136	1359	1223	136	1359	36690	4080	40770	138	30	3	46
MA	132	114	2	116	86	579	5	584	579	5	584	17370	150	17520	114	30	4	29
PB	171	158	37	195	92	1048	155	1203	1048	157	1207	26200	3925	30125	158	25	3	53
PE	167	152	2	154	91	998	7	1005	998	9	1007	29940	270	30210	152	30	5	30
PI	116	108	22	130	93	1327	176	1503	1327	176	1503	35494	5132	40536	108	27	7	15
RN	151	97	0	97	64	532	0	532	532	0	532	14801	0	14891	43	28	5	9
SE	74	62	11	73	84	569	35	604	569	35	604	17910	90	18000	62	30	3	21
ES	58	44	3	47	76	607	14	711	697	14	711	17425	350	17775	44	25	5	9
MG	721	360	1	368	51	3182	0	3182	3132	0	3182	77475	0	77475	386	24	7	55
RJ	65	61	0	2	94	1428	100	1520	1428	100	1528	56250	2500	58750	61	25	13	5
SP	572	401	0	401	70	2344	0	2344	2344	0	2344	58600	0	58600	401	25	6	67
PR	311	271	1	272	87	1896	46	1936	1896	40	1936	47000	1100	48100	27	25	5	9
SC	199	163	4	167	82	1188	13	1201	1188	13	1201	30000	427	30427	163	25	5	54
RS	244	215	32	247	88	1876	41	1917	1876	41	1917	45473	1190	46663	174	25	8	29
Total Brasil	4142	3027	256	3165	73	22512	1322	23910	22558	1320	23930	613935	35205	629140	2745	26	132	22

Fonte: MEC, 1987.

OBS.: O Programa não é desenvolvido em Rondônia, Distrito Federal e Fernando de Noronha.

Os Municípios, por sua vez, não respeitam os prazos para o envio da prestação de contas, tornando este círculo vicioso uma das características mais aberrantes da máquina burocrática, com conseqüências negativas no andamento geral do programa. Tudo que depende da liberação de recursos financeiros acaba não acontecendo nos prazos previstos. Incluem-se aí as liberações de diárias para viagens de supervisão e acompanhamento, compra de material didático para capacitações etc.

c) Dificuldades de Ordem Pedagógica

As dificuldades de ordem pedagógica se caracterizam pela baixa qualificação dos recursos humanos nos diferentes níveis e a conseqüente rotatividade dos mesmos, já exposta anteriormente.

Além disso, observa-se que o acúmulo de tarefas administrativas nas Delegacias do Ministério da Educação e Cultura — DEMEC compromete o trabalho pedagógico, o qual acaba sempre ficando em segundo plano.

d) No que se refere à Capacitação de Recursos Humanos

As dificuldades mencionadas pelas DEMEC podem ser agrupadas nos seguintes tópicos:

1) Quanto à infra-estrutura necessária para a realização da capacitação dos professores foram detectadas as seguintes dificuldades:

   — de local adequado;

   — de apoio das prefeituras para o deslocamento dos professores para o local da capacitação;

   — de material didático em quantidade suficiente para todos os professores.

2) Quanto à dinâmica da capacitação propriamente dita, foram detectadas as seguintes dificuldades:

   — baixo nível de escolaridade da grande maioria dos professores, juntamente com inexperiência na área de educação pré-escolar, dificulta a compreensão dos conteúdos teóricos e práticos do programa;

— a heterogeneidade do grupo de professores dificulta a organização da programação;

— geralmente o grande número de conteúdos necessários para as capacitações entra em desacordo com a exigüidade da carga horária, dificultando o aprofundamento dos conteúdos.

3) Interferência dos fatores administrativos na qualidade das capacitações:

— o constante atraso no pagamento dos professores gerando o desinteresse e o descompromisso pelo trabalho, tendo como conseqüência maior a alta rotatividade dos mesmos, que, em última análise, é responsável pela heterogeneidade dos grupos, nas capacitações;

— insuficiência de recursos financeiros para realização das capacitações, impossibilitando a continuidade do processo;

— número insuficiente de técnicos de pré-escolar nas equipes de algumas DEMEC.

As dificuldades mencionadas no que diz respeito à capacitação dos supervisores são equivalentes às mencionadas na capacitação dos professores, acrescentando-se, entretanto, um ponto a mais:

— envolvimento da equipe técnica com o trabalho administrativo, comprometendo o desenvolvimento do trabalho pedagógico.

e) Dificuldades Geradas pela Falta de Recursos Financeiros

A totalidade das DEMEC considerou insuficientes os recursos financeiros destinados ao Programa Municipal. Esses recursos são repassados para as prefeituras e entidades para serem aplicados:

— no pagamento e/ou complementação do salário mínimo dos professores;

— na compra de material pedagógico;

— na capacitação dos professores;

— na complementação salarial dos supervisores.

Os valores determinados para cada um desses itens são inferiores às necessidades, além de serem, durante o ano, dilapidados pela inflação" (Brasil, MEC, 1987, pp. 27-9).

Programa de Desenvolvimento da Educação Pré-escolar. Destinava-se ao repasse de recursos financeiros para os Estados, através de convênios entre o Ministério da Educação e as Secretarias Estaduais de Educação.

Os recursos destinados aos Estados podiam ser aplicados na manutenção, compra de equipamentos e construção, excluindo-se o pagamento de pessoal. A definição de prioridades para sua aplicação ficava a critério de cada secretaria.

Em 1987, os recursos foram aplicados na manutenção do atendimento já alcançado e na criação de 39.625 novas vagas. O total de alunos beneficiados foi de 1.238.259 (IPEA, 1988)[9].

Programa Nacional de Alimentação Escolar — PNAE. O PNAE constitui o único programa da FAE que também atendia ao pré-escolar através da distribuição de merendas aos alunos matriculados em pré-escolas públicas, filantrópicas e aos irmãos menores (incluindo, portanto, crianças que têm menos de 7 anos) dos alunos matriculados no ensino de 1º Grau (Projeto Irmãozinho). De acordo com dados fornecidos pela FAE, a clientela desse programa seria constituída por: todos os pré-escolares matriculados em escolas públicas; um percentual não definido de crianças entre 0 e 6 anos atendidas por entidades filantrópicas (a FAE calcula atender 987.725 crianças inscritas em instituições filantrópicas) e 6.986.235 crianças no Projeto Irmãozinho (Tabela 2.1.7).

---

9. De acordo com informações verbais, estaria ocorrendo em 1989 uma reorganização deste programa para integrá-lo, de certa forma, ao Programa Municipal de Educação Pré-escolar.

Tabela 2.1.7
Fundação de Assistência ao Estudante
Clientela do Programa Nacional de Alimentação Escolar — PNAE Programação 1988

UF	Pré-escolar e 1º Grau	Municipalização — PNAE	Filantrópica	Irmãozinho	Escolar 2º Grau	Subtotal	Fundação Educar	Total Geral
Brasil	13353947	2830995	987725	6986235	80520	29239422	1339962	30578684
Norte	1588551	355900	113241	550237	5294	2619223	119212	2738459
RO	212183	0	7710	55749	0	275642	25000	300642
AC	79720	0	742	33747	0	114209	11000	125209
AM	425517	9296	31079	122346	2349	590587	542216	644803
RR	35467	0	1976	10988	0	18431	2660	51091
PA	770358	346604	62780	313279	2945	1799966	22290	1518256
AP	65306	0	8954	20126	0	94388	4100	98488
Nordeste	7247366	712789	373769	2847993	31811	11213728	716814	11930542
MA	801594	100278	75942	367913	3659	1349386	82000	1431383
PI	508760	109057	28523	215568	3107	865025	103200	968225
CE	983496	31209	25446	252000	3165	1295316	38352	133668
RN	301384	183735	14930	178808	3346	681203	100000	781203
PB	451733	113940	28887	270582	2761	867883	90000	957883
PE	1307765	85521	35085	596202	6038	2031611	68572	2100183
AL	429077	0	79889	168334	3251	682151	48890	730841
SE	338777	3904	27350	106235	1993	478259	6000	484259
BA	2124780	85145	57717	691371	3891	2962894	180000	3142894
Sudeste	4378285	1225349	372923	1560834	25540	7582931	331900	7914831
MG	2368358	503111	142458	1070807	8844	4093379	180000	4253379
ES	474849	0	13649	155750	4260	648508	12100	660608
RJ	487587	684635	56335	101004	7556	1337237	44800	1382037
SP	1047491	35500	160463	253473	4880	1503807	115000	1618807
Sul	3166320	448883	82321	1258915	11672	4968291	66745	5035039
PR	1415018	168689	61321	518468	3603	2167099	14505	2181704
SC	629345	104398	0	261335	2994	998072	18000	1016072
RS	1121957	175776	21000	479112	5275	1803120	34140	1837260
Centro-Oeste	1973425	88094	45417	742256	6003	2855249	104537	2959786
MS	343293	0	0	137766	0	481059	30000	511059
MT	346071	6516	13326	144161	2904	512976	62455	575433
GO	955475	81578	22331	371653	3099	1444136	0	1444136
DF	318585	0	9814	88876	0	417076	12032	429158

Fonte: Números..., 1988.

Em novembro de 1988, o jornal *O Globo* promoveu um Fórum sobre Alimentação Escolar. Ao encerrar o Fórum, o ministro da Educação (Hugo Napoleão) afirmou que, a despeito dos cortes e revisões do orçamento, o programa nacional de merenda escolar teve assegurados os recursos indispensáveis à sua continuidade, acrescentando: "Com as novas atribuições constitucionais, como a de oferecimento das creches e pré-escolas, temos que repensar os programas de alimentação escolar, buscando novas respostas que nos permitam assegurar os recursos necessários à execução dos programas" (Números..., 1988, p. 9).

A despeito das sérias críticas que vêm sendo efetuadas aos demais programas da FAE, é pertinente lembrar que o mesmo MEC desenvolvia programas paralelos para a distribuição de material didático: o pré-escolar não participava dos programas do Livro Didático (PNLD) e do Material Escolar (PNME), porém essas rubricas eram previstas no Programa Municipal de Educação Pré-escolar.

Resumindo. Seja no plano jurídico, administrativo, orçamentário; seja na elaboração de metas e programas, ou, ainda, na produção e sistematização de estatísticas educacionais, o MEC parece não ter incorporado a pré-escola como parte integrante e legítima do sistema educacional regular.

A descontinuidade e sobreposição de programas, a imprecisão e heterogeneidade quanto ao conceito de pré-escola (principalmente daquelas mantidas por entidades filantrópicas e comunitárias)[10] — o que determina a ausência de parâmetros nacionais mínimos para funcionamento de estabelecimento pré-escolar —, o não reconhecimento de sua especificidade enquanto etapa do processo educativo[11], e a execução direta de programas de atendimento ao

---

10. Como foi visto, o MEC repassa verbas a entidades particulares que mantêm equipamentos para atender crianças de 0 a 6 anos, muitos dos quais oferecem atendimento que mais se aproxima da assistência que da educação.

11. As estatísticas educacionais e as informações orçamentárias vêm, de forma quase sistemática, incorporando a pré-escola ao ensino básico, não apresentando dados desagregados. Por exemplo, os excelentes relatórios realizados pelo IPEA sobre Educação e Cultura (IPEA, 1987 e 1988) tratam conjuntamente da pré-escola e do 1º Grau.

pré-escolar são alguns dos pontos críticos que o MEC deverá reavaliar à luz das diretivas contidas na nova Constituição.

2.1.3. Ministério da Justiça

A atuação do Ministério da Justiça, no que diz respeito à questão das creches e pré-escolas, ocorria, em 1989, através do Conselho Nacional dos Direitos da Mulher — CNDM.

O CNDM, criado pela Lei nº 7.353, de 28/8/1985, órgão de deliberação coletiva do Ministério da Justiça, com autonomia administrativa e financeira (Decreto nº 91.696, de 27/8/85), "tem por finalidade promover, em âmbito nacional, políticas que visem eliminar a discriminação da mulher, assegurando-lhe condições de liberdade e de igualdade de direitos, bem como sua plena participação nas atividades políticas, econômicas e culturais do País" (Regimento Interno, Conselho Nacional dos Direitos da Mulher, Art. 1º).

Administrativamente, o CNDM dispunha, em 1989, de uma assessoria técnica cujo trabalho se desenvolvia através de comissões técnicas de: Educação, Violência, Saúde, Trabalho, Cultura, Constituinte e Creche.

Era, pois, principalmente através da Comissão de Creches que o CNDM atuava na área de atendimento à criança de 0 a 6 anos, desenvolvendo uma série de projetos e atividades.

Alguns meses após sua criação, o CNDM lançou uma carta de princípios — "Criança Compromisso Social" — onde assumia a creche como "um direito universal à educação para o cidadão-criança na faixa etária de 0 a 6 anos", que passou a ser uma de suas propostas fundamentais para a nova Constituição. A mobilização em torno de modificações na Constituição e, a partir de sua promulgação, em torno de seus desdobramentos, foi um dos eixos principais da atuação da Comissão de Creches.

Nos três primeiros anos de existência, essa comissão desenvolveu outras atividades, no sentido de sensibilizar e informar órgãos oficiais e opinião pública sobre questões relativas à creche, estabelecendo, para tanto, convênios com outras formas de cooperação com organismos federais e estaduais (LBA, BNDES, Conselhos Estaduais da Condição Feminina, entre outros). Dentre estas atividades destacam-se: realização da "Série Manuais sobre Creches"; assessorias e seminários visando à discussão de propostas para uma política global de atendimento à criança de 0 a 6 anos e reformulação da CLT no que diz respeito ao direito à creche; sensibilização de órgãos visando à criação de cursos para formação de profissionais de creche (MEC, PIPMO, SESI, SESC); realização de uma pesquisa nacional para avaliar o atendimento em creches no Território Nacional (que será discutida no item 2.2. deste capítulo); elaboração do projeto para implementação da rede de informação sobre creche.

A atuação da Comissão de Creches (e da Comissão da Constituinte) durante a Constituinte se deu através de sua articulação com a Comissão Nacional Criança e Constituinte (que incorporou vários Ministérios, CNBB, UNICEF, Governos de Estado e Sociedade Civil)[12].

2.1.4. Ministério da Saúde

Desde a criação do Ministério da Saúde (Lei nº 1.920, de 1953) até 1970, o órgão responsável pela proteção materno-infantil, incluindo o atendimento ao pré-escolar, foi o Departamento Nacional da Criança — DNCr.

"Durante seus 30 anos[13], o DNCr realizou campanhas educativas e inquéritos médico-sociais; participou de campanhas nacionais e internacionais sobre assistência materno-infantil; formou médicos puericultores, pessoal auxiliar e supervisores; produziu

---

12. Fontes utilizadas para a descrição da atuação do CNDM: Conselho Nacional dos Direitos da Mulher, 1986a, b, c; 1987a, b; 1988; 1989.

13. O DNCr foi criado em 1940, incorporado ao Ministério da Saúde em 1953, e extinto em 1970. Para uma análise de sua história, reportar-se a Vieira (1986; 1988).

publicações sobre organização e funcionamento de creches; organizou cursos populares sobre puericultura para mães e responsáveis por instituições de cuidado à criança; planejou atendimento pré-escolar; incentivou a criação de Clubes de Mães, postos de puericultura e Associações de Proteção à Maternidade e à Infância. Organizou concursos de higidez infantil para premiar as mães que bem cuidassem dos seus filhos" (Vieira, 1988, p. 6).

No que diz respeito ao atendimento pré-escolar, o DNCr se atribuía uma função normativa, cabendo à LBA a função executora.

As normas propugnadas pelo DNCr para a construção e o funcionamento de creches, até meados da década de 60, são orientadas por princípios rígidos de higiene e puericultura (incluindo higiene mental), aproximando esta instituição do modelo de funcionamento de um hospital pediátrico, acrescido de algumas atividades recreativas, que são introduzidas nas creches como "arma contra atitudes anti-sociais" (Vieira, 1988, p. 14).

O DNCr também sugeria normas de funcionamento para jardins de infância, "postulando que a educação pré-escolar era uma extensão do lar e não uma ante-sala da escola primária" (Vieira, 1988, p. 15).

Lívia Maria Fraga Vieira (1988) assinalou que, a partir de meados da década de 60, nota-se uma modificação na postura do DNCr frente ao atendimento pré-escolar, propondo-se sua extensão através de Centros de Recreação.

A proposta dos Centros de Recreação faz parte de um programa de emergência e seus componentes principais são descritos em documento publicado pelo DNCr em 1967.

"C — Programa de Emergência

Por todas as nações está sobejamente conhecido que o atendimento ao pré-escolar só poderá ser feito integralmente através dos planos de desenvolvimento de comunidade, coordenados com os programas de desenvolvimento econômico e social do país; entretanto, considerando-se o estado de verdadeiro abandono dos pré-escolares e correspondendo ao interesse da UNICEF, sugerimos, em caráter de emergência, seja estudado o seguinte plano:

1) Estabelecimento, a título experimental, de um tipo de unidade simples, intermediária, em forma de galpão, com móveis reduzidos, uma cozinha dietética, bancos, esteiras e alguns brinquedos, onde as crianças de poucos recursos ficariam abrigadas durante os impedimentos de sua mãe para o trabalho ou de outras necessidades de ordem material ou moral, recebendo ali alimentação, imunizações, e que se denominaria Centro de Recreação" (Brasil, Ministério da Saúde, 1967, p. 7).

O modelo do Centro de Recreação poderia ser considerado como embrião do Projeto Casulo: atendimento de emergência, ocupando espaços ociosos, contando com a participação da comunidade no intuito de evitar mortalidade e subnutrição infantis através de uma cobertura extensiva a baixo custo.

São componentes característicos dos chamados modelos de atendimento de emergência ("alternativos") que, a partir da década de 70, são incorporados por vários organismos nacionais: "O pessoal seria o mínimo indispensável recrutado entre pessoas de boa vontade, a base do voluntariado (...) Apenas alguns técnicos necessários para a supervisão e coordenação dos serviços seriam remunerados. Os recursos poderiam ser federais, estaduais e municipais. O DNCr poderia conceder pequena ajuda na manutenção dos serviços além de auxílio técnico. O Município devia proporcionar facilidades para o funcionamento desses centros" (Vieira, 1988, p. 15).

Esse programa não chegou a ser implantado pelo DNCr, que, durante a década de 60, vai perdendo funções, até ser substituído, em 1970, pela Coordenação de Proteção Materno-Infantil.

A partir da criação da Coordenação de Proteção Materno-Infantil, o Ministério da Saúde produziu documentos (decretos e instruções) sobre o atendimento em creches: Decreto nº 69.514 de 9/9/1971, que, através do Artigo 2º, define a "proteção à criança em idade pré-escolar" como um dos objetivos principais das medidas de proteção materno-infantil; as *Instruções* para

Instalação e Funcionamento de Creches, publicadas em 1972 e a Portaria nº 21, de 26/5/1988, que aprova as "normas e os padrões mínimos (...) destinados a disciplinar a construção, instalação e o funcionamento de creches, em todo o Território Nacional".

Tanto as Instruções de 1972, quanto a Portaria de 1988 são extremamente minuciosas no que diz respeito a determinados aspectos (por exemplo, construção dos equipamentos), omissas quanto a outros (a Portaria nº 321 não dedicou um programa de saúde específico à criança), orientadas por um modelo hospitalar e inaplicáveis às condições atuais. Confrontem-se, por exemplo, a proposta do Programa de Creches da LBA, a definição de seus objetivos e o *per capita* que repassa (US$ 5.09) às normas da Portaria nº 321, que prevêem, para uma creche pequena (atendendo 50 crianças), um quadro de pessoal composto por coordenador, orientador psicopedagógico, secretária, 2 auxiliares de enfermagem, 8 auxiliares de creche, cozinheira, auxiliar de cozinha, auxiliar de lactário, servente.

Três pontos relativos à Portaria nº 321, de maio de 1988, merecem destaque (lembramos ser este o documento oficial que se propõe a normatizar o atendimento em creches em todo o Território Nacional até fevereiro 1989): conceitua creche como sendo um equipamento "destinado a crianças de três meses a quatro anos, tendo em vista que esta faixa etária requer um cuidado mais individualizado". Apesar de sua aprovação e de regulamentar a instalação e o funcionamento de todas as creches no Território Nacional, as Delegacias Regionais do Trabalho continuavam informando, em 1989, que a instalação e o funcionamento de creches em empresas deveriam ser orientados pela Portaria de 15/1/1969 do Departamento Nacional de Segurança e Higiene do Trabalho, órgão vinculado ao Ministério do Trabalho. Da mesma forma, o Banco Nacional de Desenvolvimento Econômico e Social — BNDES, através do Programa Empresa Pró-creche (que será discutido posteriormente), não incorporava em suas recomendações para instalação e funcionamento de creches em empresa (*Condições mínimas a serem observadas na análise dos projetos enquadráveis no Programa Empresa Pró-creche*) as normas contidas na Portaria nº 321 do Ministério da Saúde. Finalmente, convém lembrar que não existe qualquer obrigatoriedade de registro ou cadastramento de creches particulares ou qualquer órgão responsável por sua fiscalização.

Resumindo. Em nível federal é possível afirmar-se que, em 1989, não existia conceituação única de creche e/ou pré-escola; que a construção, a instalação e o funcionamento de creches estavam sendo supostamente orientados por normas elaboradas pelo Ministério da Saúde, inadequadas e não observadas (talvez até mesmo desconhecidas) por organismos da própria esfera federal.

Ao analisar o porquê da inaplicabilidade das normas sobre creche elaboradas pelo Ministério da Saúde, Ana Maria Seches tece os seguintes comentários, absolutamente pertinentes ao momento de definição de parâmetros em que estamos vivendo: "A normatização nelas contidas se ressente da falta de divulgação eficiente e fiscalização adequada, além de não ser, muitas vezes, apropriada às diferentes realidades regionais. O atendimento às necessidades locais é um fator determinante para a concretização de medidas normatizadoras.

Assim evidencia-se cada vez mais a necessidade de descentralização do sistema, tendo em vista detectar melhor as características locais e regionais, além de agilizar a divulgação das normas e a fiscalização dos serviços.

Quanto às determinações contidas nas portarias que normatizam a instalação e o funcionamento das creches, provavelmente por terem origem num órgão de saúde, receberam uma forte ênfase nos procedimentos de conduta médica. Isto está muito presente na planta arquitetônica e no quadro de pessoal proposto.

Não queremos dizer, com isto, que a criança de 0 a 3 anos não necessite de uma rotina de serviços de saúde que vise a prevenção e a não disseminação de doenças. Apenas registramos esta observação para que seja considerada quando da elaboração de normas, organização e funcionamento das creches" (CNDM, 1989).

2.1.5. Ministério do Trabalho[14]

A atuação do Ministério do Trabalho tem se orientado ao atendimento de crianças pequenas exclusivamente em creches e no contexto da proteção ao trabalho da mulher. Sua intervenção é de natureza normatizadora e fiscalizadora, esta última desempenhada pelas Delegacias Regionais do Trabalho — DRTs.

Recentemente, através da criação do Sistema de Acompanhamento das Negociações Coletivas — SANEC, o Ministério do Trabalho, ao lado de outras instituições (como o DIEESE), dispõe de fonte de informações sobre direitos adquiridos por diferentes categorias profissionais e sindicatos durante as negociações coletivas, material que pode constituir instrumento auxiliar para a elaboração de propostas visando a reformulação de leis complementares e ordinárias decorrentes das novas conquistas constitucionais.

Porém, no que diz respeito ao direito à creche no contexto das relações de trabalho, em nível federal, a função normatizadora tem sido exercida por outros órgãos além do Ministério do Trabalho; por outro lado, a ação normatizadora desse Ministério tem extrapolado a exigência quanto ao direito à creche, expandindo-se para diretivas sobre seu modo de funcionamento. Pelas razões acima expostas, os conteúdos agrupados em torno deste item, por vezes, escapam aos limites do Ministério do Trabalho e das questões exclusivamente relativas ao direito à creche.

2.1.5.1. Legislação sobre creches como direito do(a) trabalhador(a)

"A primeira regulamentação do trabalho feminino no país vinculou-se, em 1923, à aprovação do Regulamento Nacional de

---

14. As informações básicas para a redação deste item foram coletadas e sistematizadas por Ana Lúcia Goulart de Faria.

Saúde Pública instituído pelo Decreto nº 16.300" (Vieira, 1986, p. 41). Este Decreto protegia a trabalhadora enquanto mãe e, entre suas determinações, encontra-se a obrigação da instalação de creches ou salas de amamentação, próximas ao local de prestação de serviços.

Essa obrigatoriedade foi regulamentada de forma mais precisa pelo Decreto nº 21.417-A, de 1932, que regula as condições de trabalho das mulheres (não apenas enquanto mãe) nos estabelecimentos industriais e comerciais. Foi este o Decreto que determinou que "os estabelecimentos em que trabalharem pelo menos trinta mulheres com mais de 16 anos de idade terão local apropriado onde seja permitido às empregadas guardar sob vigilância e assistência os filhos em período de amamentação".

Esse Decreto — que na verdade assegurava a amamentação durante os primeiros meses de vida do bebê — contém as principais diretivas que restringiram o direito à creche a determinados segmentos da classe trabalhadora: é reservado exclusivamente às mulheres, a partir de 16 anos, que trabalham em empresas privadas de certo porte, durante um período de tempo bastante restrito.

O Decreto nº 5.452, de 1º/5/1943, que aprovou a Consolidação das Leis do Trabalho — CLT, contém seis artigos referentes ao direito à amamentação e a creches (arts. 389, 396, 397, 399, 400, 401). Tais artigos mantêm e precisam as limitações do Decreto anterior quanto à extensão do direito; estipulam as condições físicas mínimas de instalação para os locais de amamentação; abrem a possibilidade de que a obrigatoriedade de a empresa manter berçários seja substituída pelo estabelecimento de convênios com creches distritais; recomendam a criação de escolas maternais e jardins de infância por entidades públicas "de acordo com suas possibilidades financeiras", destinados especialmente aos filhos das mulheres empregadas; estipulam recompensas (diploma de benemerência) para empresas que se distinguirem no atendimento a pré-escolas e multas para as empresas infratoras.

O Departamento Nacional de Segurança e Higiene do Trabalho emitiu duas Portarias (n° 1, de 15/1/1969, e n° 1 de 6/1/1971) que estipulam normas para a instalação de creches em locais de trabalho e para convênios com as creches distritais. Essas Portarias precisam e delimitam ainda mais as normas contidas na CLT: quais as características físicas do berçário; fixam o limite superior de idade da empregada para usufruir do direito (40 anos); delimitam a distância entre local de trabalho e creche e a exigência de transporte gratuito, caso seja necessário; estabelecem as cláusulas que deve conter o convênio mantido entre empresa e creche; atribuem aos Agentes de Inspeção do Trabalho a competência para verificar o cumprimento dessas Portarias.

Todas as avaliações efetuadas, principalmente a partir dos anos 70, quando se iniciaram as mobilizações das mulheres em torno de seus direitos (São Paulo, 1984; Rosemberg et al., 1985; Gragnani et al., 1986) apontam para o não cumprimento da CLT e das Portarias subseqüentes pelas empresas brasileiras, dada a ineficiência de fiscalização e o baixo montante da multa prevista.

Tanto a CLT quanto as Portarias mencionadas, ao abrirem a possibilidade de as empresas estabelecerem convênios com creches distritais (o que poderia ser percebido com uma flexibilidade da legislação permitindo sua adequação às condições locais), acabaram por gerar a proliferação de "creches fantasmas", onde a empresa apenas reserva leitos não ocupados pelos filhos das trabalhadoras, dada a não divulgação da existência de creche conveniada pela empresa, a baixa qualidade do serviço prestado, a distância entre local de trabalho e creche, ou ainda as exigências da creche conveniada nem sempre compatíveis com as possibilidades maternas.

Assim, as empresas se viram desobrigadas de construírem creches no local de trabalho, equipamento boicotado pelo empresariado, mais pelos fantasmas que suscita do que pelos encargos econômicos reais. Nunca se conseguiu obter, seja através do Ministério do Trabalho (e de suas DRTs), seja através de qualquer outro órgão ou instituição, uma avaliação de quantas empresas mantêm creches ou estabelecem convênios adequados. Em 1985, o Conselho Estadual da Condição Feminina do Estado de São Paulo, através de sua Comissão de Creches, efetuou um levantamento no Estado de São Paulo sobre creches/berçários mantidos no local de trabalho. "O levantamento revelou a existência de 38 berçários/creches mantidos no local de trabalho por empresas privadas, em todo o Estado de São Paulo. Este número, por si só, revela muito sobre a situação, pois acredita-se que existam aproximadamente, no Estado, 60.000 empresas que se enquadram na exigência legal" (Gragnani et al., 1986, p. 4).

Durante o período compreendido entre 1975-1986, o aumento da participação das mulheres no mercado de trabalho, a mobilização dos movimentos de mulheres, a criação de Conselhos da Condição Feminina, a sensibilização e abertura dos sindicatos aos direitos das mulheres foram ampliando e modificando, na prática, o usufruto do direito à creche destinada aos filhos dos(as) trabalhadores(as), o que acarretou, além de outras medidas[15], alterações profundas na nova Constituição, como se analisou no Capítulo 1 deste documento.

2.1.5.2. A creche nas negociações coletivas

A década de 80 assistiu, no plano da regulamentação do direito à creche nas relações de trabalho, um grande avanço que culminou com a promulgação da nova Constituição. Esse avanço da legislação foi precedido ou acompanhado por direitos que foram sendo conquistados pelos trabalhadores de ambos os sexos durante os Acordos e Convenções Coletivas aprovados ao longo desses anos pelas diversas categorias profissionais através de seus sindicatos, federações e confederações.

---

15. Em nível federal merecem destaque: a Portaria nº 3.296, de 3/9/1986, do Ministério de Estado do Trabalho, que autoriza as empresas e empregadores a adotarem o reembolso-creche em substituição à exigência contida no parágrafo 1º, do Artigo 389 da CLT; o Decreto nº 93.408, de 10/10/1986, que dispõe sobre a instituição de creches e demais serviços de assistência pré-escolar para os filhos dos servidores dos órgãos e entidades da Administração Federal.

Três fontes de informações permitem que se situe, pelo menos parcialmente, como o direito à creche vem sendo tratado em tais negociações. São elas: o Sistema de Acompanhamento das Negociações Coletivas — SANEC, implantado pelo Ministério do Trabalho[16]; o estudo efetuado pelo CNDM de Acordos e Convenções Coletivas firmados (e aprovados) no período 1985-1986, dentre os 1.800 arquivados pelo DIEESE (CNDM, 1987c); e a análise efetuada por Ana Lúcia Goulart de Faria de quatro Convenções Coletivas e onze pautas de reivindicações/campanha salarial no período 1987-1988 de sindicatos e federações que recorrem à assessoria da firma Oboré (São Paulo).

O primeiro relatório do SANEC analisou 25.459 cláusulas aprovadas nas negociações coletivas firmadas em 1986, das quais 152 referiam-se a creches/amamentação/berçário. A pesquisa realizada pelo CNDM, que analisou 507 Acordos e Convenções Coletivas relativos à proteção à gestante e à maternidade, localizou 93 cláusulas referentes ao tema.

As análises desses Acordos e Convenções Coletivas pesquisados pelo CNDM e aqueles descritos por Ana Lúcia Goulart Faria levantam as principais cláusulas: construção de creches, estipulando prazos e condições para a efetivação dessa medida; substituição da obrigatoriedade da construção pelo estabelecimento de convênios com creches (destaque: "Fiscalização do Sindicato Profissional, através de pessoas especializadas, das creches onde se mantém convênio"); substituição da creche ou do convênio por reembolso-creche. Em vários Acordos o reembolso é parcial, mas em alguns deles é previsto o reembolso total das despesas, havendo mesmo casos em que se prevê a possibilidade de esse auxílio ser concedido no caso de contratação de babá.

---

16. O SANEC analisa, processa e arquiva os contratos coletivos depositados no Ministério do Trabalho e em todas as suas Delegacias Regionais, assim como as sentenças normativas proferidas nos dissídios coletivos julgados pelos Tribunais Regionais do Trabalho ou pelo Tribunal Superior do Trabalho, quando de sua competência originária. É de interesse do SANEC que a ordenação sistemática destes dados torne-se acessível para sindicalistas, técnicos em negociação coletiva, cientistas, estudiosos da matéria e ao público em geral, "democratizando a informação não só através de publicação periódica dos resultados (relatórios trimestrais), mas também da apresentação das técnicas e dos processos observados na pesquisa" (Brasil, Ministério do Trabalho, 1987, p. 9).

Destaca-se, também, que o direito à creche, em vários Acordos, é estendido para além do período de amamentação: 12 meses, 2 anos, 3 anos, 4 anos, 6 anos, 7 anos, e acrescido de outros tipos de atendimento sem limite de idade (ou até 18 anos) quando se tratar de filho excepcional ou portador de deficiência física. Em muitos Acordos, o reembolso-creche é estendido para empregados homens: em quaisquer circunstâncias, ou que vivam situação excepcional (viuvez ou guarda judicial do filho).

A flexibilidade de certos Acordos também merece destaque: "as trabalhadoras de cada empresa (envolvida na negociação) poderão optar por creche ou auxílio-creche, através de Assembléia presidida pelo sindicato".

O avanço que vem assumindo o reembolso-creche como solução adotada por empresas públicas e privadas (respaldadas pela Portaria nº 3.296 do Ministério do Trabalho) é questão litigiosa: de um lado, constitui opção privilegiada por trabalhadores(as) de classe média, na medida em que respeita livre escolha da prestação de serviço de que se utiliza; por outro lado, pode constituir estímulo à expansão de creches e pré-escolas particulares e entrave para a criação de creches em local de trabalho ou para a expansão de uma rede pública cujo padrão de qualidade possa responder às exigências de qualquer família.

Algumas soluções alternativas que objetivam integrar numa mesma rede de creches a parte do empresariado e de prefeituras (ou outras instâncias governamentais) foram implantadas no país, principalmente através da ação do Banco Nacional de Desenvolvimento Econômico e Social — BNDES, que descreveremos a seguir.

2.1.6. Banco Nacional de Desenvolvimento Econômico e Social — BNDES

Além dos cinco Ministérios, na esfera federal o BNDES também desenvolvia, no final dos anos 80, programas destinados à implantação de creches.

De início, enquanto contava com recursos do FINSOCIAL, o BNDES repassava verbas a fundo perdido para a construção, equipamento e funcionamento de creches mantidas por entidades.

Em dezembro de 1985, uma resolução da Diretoria determinava que qualquer empresa privada, para se beneficiar de empréstimos do BNDES, deveria cumprir os dispositivos contidos na CLT a respeito da obrigação de manutenção de creches e/ou berçários. Na medida, porém, em que as Delegacias Regionais do Trabalho não fiscalizam as empresas, o BNDES criou o Programa Empresa Pró-creche, que vinculava o empréstimo à empresa à participação no Programa.

O Programa Empresa Pró-creche compreendia dois tipos de operação: projeto que financia creches de empresa para atendimento de filhos de seus empregados; operação-programa que objetiva "uma intervenção integrada para atendimento à infância em determinado Município, podendo contar com a participação da prefeitura na concepção do projeto, no planejamento da estrutura e no funcionamento da rede de creches", além da participação do empresariado. Esse subprograma destinava-se, portanto, ao atendimento de filhos de empregados de empresas e crianças da comunidade.

Podiam se beneficiar do financiamento: empresas privadas de efetivo controle e comando nacionais, sujeitas ao cumprimento dos Artigos 389, 396 e 400 da CLT; empresas controladas direta ou indiretamente pelo poder público, de âmbito estadual ou municipal; prefeituras para atendimento aos filhos de seus servidores; entidades especialmente constituídas através da associação das pessoas jurídicas, que se enquadrem nas condições acima, com o fim de captar recursos em conformidade com os objetivos do programa.

Em 1988 foram apresentadas ao BNDES solicitações para operações-programa de Campinas e do Distrito Federal. Descrevemos, a seguir, a operação-programa de Campinas, por se tratar do primeiro projeto implantado. Este projeto previa a abertura de sete mil novas vagas, em período integral, para crianças de 0 a 6 anos, através da construção de 45 novas creches.

A integração prefeitura-empresas se operacionalizou através da participação da prefeitura fornecendo terrenos urbanizados para a construção das creches; fornecendo o projeto de construção e detalhamento dos equipamentos a serem utilizados; acompanhando com as empresas a construção das creches; administrando as creches construídas; oferecendo às empresas convênios para assegurar vagas em creches. As empresas participam do projeto: provendo recursos para construção e equipamento das creches; acompanhando, com a prefeitura, a construção e a administração das creches; celebrando convênios com a prefeitura para assegurar vagas nas creches para filhos dos empregados, de acordo com a contribuição dada ao projeto.

O BNDES também se constituía em órgão normatizador, na medida em que determinava condições mínimas a serem observadas nos projetos de creche que financiava. Dentre elas destacam-se: filosofia do projeto (atendimento integral à criança, compreendendo assistência médica, odontológica, psicopedagógica, social, nutricional e de higiene); faixa etária entre 3 meses e 6 anos e 11 meses; jornada de funcionamento; relação adulto/criança.

Resumindo. Essa análise do quadro institucional em que se desenvolvia o atendimento a crianças de 0 a 6 anos em 1989 reafirma conclusões do diagnóstico de 1983 (Poppovic et al., 1983) e assinala alguns aspectos novos. A superposição dos programas e a ação direta da federação, repassando verbas ou mantendo creches e pré-escolas, não constituem novidade, podendo ser considerados os problemas mais urgentes a serem enfrentados. A integração político-administrativa e a descentralização das ações são parâmetros que devem ser reafirmados e operacionalizados na elaboração de propostas para uma política nacional de atendimento à criança de 0 a 6 anos.

Simultaneamente, a pressão da população para extensão do atendimento em creches e pré-escolas e a insuficiência (e irracionalidade) dos recursos alocados têm gerado uma multiplicidade de programas, atos administrativos e legais cuja eficácia necessitaria ser avaliada. Por exemplo, nunca dispusemos, no país, de uma quantidade (e diversidade) tão intensa de normas para orientar a instalação, o equipamento e o funcionamento de creches e que se apóiam em conceituações e pressupostos psicopedagógicos tão diversos. Ao mesmo tempo esta pluralidade de normatizações vai se desenvolvendo sem que um órgão se responsabilize pelo cadastramento e fiscalização dos equipamentos.

Se essa multiplicidade de ações é ineficiente e geradora de caos, ela também reflete aspectos positivos: a questão do atendimento à criança pequena já impregnou, possivelmente de forma indelével, o Estado brasileiro; outro aspecto positivo a ressaltar é a construção de uma certa competência entre técnicos da administração pública, agora capazes de elaborar diagnósticos e propostas para orientar políticas de atendimento à criança pequena. Que se lembre, no contexto deste diagnóstico, a pertinência da avaliação sobre o Programa Municipal de Educação Pré-escolar ou a adequação dos critérios mínimos para instalação de creches em empresa elaborados pela equipe do BNDES, dois exemplos, apenas, dentre os múltiplos que poderiam ser levantados.

Essa competência adquirida por técnicos da administração federal, estadual e municipal não pode ser perdida ou continuar dispersa. Ao contrário, devem-se criar canais para que ocorra sua integração na elaboração de propostas para uma política de atendimento à criança pequena.

2.2. Cobertura

Esta análise da cobertura do atendimento em creches e pré-escolas se compõe de quatro partes: uma discussão metodológica sobre as estatísticas disponíveis; um pano de fundo sóciodemográfico para situar a população de 0 a 6 anos em 1986; uma análise do atendimento em creches/pré-escolas nas regiões metropolitanas a partir de tabulações preliminares (amostra não expandida do Suplemento Menor da PNAD 85); uma avaliação da evolução e da cobertura em 1989 da escolaridade de crianças de 0 a 6 anos, baseada em dados coletados pelo SEEC-MEC e pelo IBGE.

2.2.1. Questões metodológicas[17]

Uma avaliação da cobertura, da demanda e da caracterização da clientela ou do sistema de atendimento à criança de 0 a 6 anos através de creches e pré-escolas no Brasil é tarefa bastante difícil, apesar das tentativas de vários pesquisadores nos últimos anos. Os resultados a que se chega são sempre aproximativos e insatisfatórios. Se é verdade que a qualidade das estatísticas educacionais para outros níveis de ensino vem sendo questionada em vários estudos[18], no caso da criança de 0 a 6 anos a situação é mais grave, dada a duplicidade das formas de atendimento (creche e pré-escola), a imprecisão e variabilidade dos conceitos de creche e pré-escola e a diversidade de unidade de coleta de dados utilizada pelos diferentes organismos.

Uma das saídas que se tem tentado para contornar parcialmente tais problemas é analisar em separado as estatísticas sobre pré-escola e as estatísticas sobre creche.

Quanto aos indicadores sobre a clientela das creches, fornecidos pelas entidades que efetuam atendimento direto ou indireto em nível nacional (Fundação Legião Brasileira de Assistência — LBA, Secretaria Especial de Ação Comunitária — SEAC, Fundação Nacional do Bem-Estar do Menor — FUNABEM, todas do Ministério do Interior), não há qualquer garantia de confiabilidade para as cifras apresentadas. A LBA, por exemplo, refere-se, no *Relatório Geral de 1987,* a "crianças/mês atendidas" sem qualquer informação sobre o significado da expressão. A FUNABEM utilizava o termo "meta" desacompanhado de explicações: os números que fornece sob esta rubrica equivalem a metas a serem atingidas, ao número de crianças atendidas pela entidade conveniada ou à quantidade efetiva de crianças atendidas? Acrescente-se à imprecisão conceitual a inexistência de órgãos que cadastrem as

---

17. Este item foi publicado sob o título "0 a 6: desencontro de estatísticas e atendimento" (Rosemberg, 1989).

18. Dentre eles destacamos: Gusso (1983); Barreto (1984); Carvalho (1984); Willadino (1984); Fletcher e Ribeiro (1988).

creches em funcionamento no país, sejam elas de empresa, particulares ou conveniadas. Neste sentido, qualquer tentativa de avaliação nacional do atendimento em creches pode tanto superestimar quanto subestimar a cobertura.

É possível formar uma idéia aproximada da imprecisão dos indicadores sobre atendimento em creches quando se comparam as cifras coletadas pela pesquisa realizada pelo Conselho Nacional dos Direitos da Mulher (CNDM) àquelas divulgadas pela LBA. Em 1987, o CNDM enviou a todos os governos estaduais um questionário visando conhecer os programas governamentais de atendimento à criança entre 0 e 6 anos. Até o início de 1988, apenas dez unidades da Federação enviaram ao CNDM algum tipo de informação. A análise deste material evidenciou inúmeras dificuldades no processo de sistematização das informações: dificuldade de coleta dos dados em nível local devido à multiplicidade e reestruturação dos programas; heterogeneidade dos conceitos utilizados pelos diferentes Estados (creches públicas entendidas como conveniadas pela Fundação Estadual do Bem-Estar do Menor — FEBEM/RS; modalidade de creche domiciliar tida como atendimento direto pela Secretaria do Trabalho e Ação Social de Pernambuco; variação quanto à duração da jornada em tempo parcial ou integral).

Tais inconsistências transparecem de forma enfática quando se comparam os dados enviados ao CNDM àqueles fornecidos pela LBA, todos relativos a 1987 (Quadro 2.2.1).

Uma outra forma de se avaliar a cobertura do atendimento em creches seria através de inquéritos efetuados junto ao usuário, incluindo quesitos específicos seja nos Censos Demográficos, seja nas Pesquisas Nacionais por Amostra de Domicílios — PNADs. O Censo de 1980 investigou a situação educacional de crianças a partir de 5 anos de idade.

Quanto às PNADs, realizadas agora anualmente, apenas o Suplemento Menor que acompanha a PNAD 85 dedicou parte de seu questionário à investigação sobre a freqüência à creche por crianças com menos de 7 anos residindo nas regiões metropolitanas.

Quadro 2.2.1

Número de crianças atendidas em creches e pré-escolas segundo dados fornecidos pelo CNDM e LBA para algumas unidades da Federação — 1987

Unidade da federação/Entidade	CNDM	LBA
DISTRITO FEDERAL	42 838	11 180
Fundação Educacional	30 195	
Fundação Serviço Social	3 027	
LBA	7 422	
Ministérios	1 939	
Outros Órgãos	255	
CEARÁ	19 620	136 900
Secretaria de Ação Social/LBA	18 740	
Secretaria de Educação/MEC	880	
PARÁ	23 894	130 630
Funabem-FBEST	11 864	
LBA	12 030	
RIO GRANDE DO SUL	147 818	114 730
LBA	79 460	
Funabem	30 340	
Secret. Estadual de Educação	38 018	
SERGIPE	1 867	41 330
Secret. Especial de Ação Comunitária	1 867	
PERNAMBUCO	54 259	46 870
Secret. de Trab. e Ação Social	8 601	
Secret. da Educação/LBA/MEC	45 658	
ESPÍRITO SANTO	53 111	75 020
Secret. de Ação Social	12 972	
Secret. de Educação e Cultura	40 159	
PARAÍBA	5 143	36 750
Fund. do Bem Estar Social/LBA	5 143	
MATO GROSSO DO SUL	18 225	26 730
Secret. de Ação Social e Comunitária	3 165	
Secret. de Educação	1 560	

Fontes: CNDM (Conselho Nacional dos Direitos da Mulher), 1988.
LBA (Fundação LBA), 1988.

Quando se volta a atenção para as estatísticas sobre a *pré-escola*, a incerteza persiste: as definições utilizadas pelo Ministério da Educação são imprecisas, não se sabendo exatamente como é constituído o cadastro de pré-escola das Secretarias Estaduais de Educação, ponto de partida para a realização dos Censos Escolares coordenados pelo Serviço de Estatística da Educação e Cultura — SEEC. Por outro lado, o conceito de pré-escola subjacente às estatísticas do MEC parece não ser o mesmo incorporado pelo usuário.

A ressalva de que pré-escola para o MEC e para o usuário podem ter conotações diversas faz sentido na medida em que, no Brasil, existem dois órgãos responsáveis pela coleta e divulgação de estatísticas educacionais: Serviço de Estatística de Educação e Cultura (SEEC) do MEC, que realiza anualmente Censos Escolares; a Fundação Instituto Brasileiro de Geografia e Estatística (IBGE), que vem coletando subsidiariamente informações sobre o pré-escolar através dos Censos Demográficos e das PNADs. Ora, para se ter uma avaliação aproximada da cobertura das características da clientela e do sistema em nível de pré-escola, é necessário recorrer às duas fontes, pois, apesar de algumas informações se sobreporem, por vezes, elas são complementares: o IBGE tende a coletar mais profundamente informações sobre características sócio-demográficas da clientela e o SEEC/MEC se aprofunda na caracterização escolar propriamente dita, seja sobre o alunado, seja sobre o sistema.

Porém, esse uso complementar das fontes não ocorre sem problemas, na medida em que tais organismos se utilizam de unidades de coleta diversas, efetuam suas pesquisas em diferentes períodos do ano, delimitam diversamente a faixa etária e, provavelmente, partem de conceituações diversas. Estas divergências transparecem quando, por exemplo, se comparam as cifras das pessoas que freqüentavam pré-escola no Brasil em 1982[19] através

---

19. Usamos o ano de 1982 para comparação por ser aquele em que as faixas etárias cobertas pelos dois organismos mais se aproximam.

dos dados divulgados pela PNAD 82 (Suplemento Educação) às de matrícula inicial e final coletadas pelo SEEC/MEC: 2.629.013 pessoas de até 6 anos freqüentam estabelecimentos de ensino pré-escolar pela PNAD 82; 1.866.868 matrículas iniciais e 1.798.267 matrículas finais pelo SEEC/MEC, o que significa uma diferença de 40% em relação à matrícula inicial e de 46% em relação à final[20].

Duas observações se impõem, a partir dessa comparação: em primeiro lugar, a divergência dos dados para o pré-escolar é inversa à dos demais graus escolares, onde se percebem freqüências mais elevadas entre as matrículas (iniciais ou finais) computadas pelo SEEC/MEC; em segundo lugar, é possível levantar como hipótese que a conceituação de pré-escola usada pelo SEEC/MEC seja mais restritiva que aquela incorporada pela população. Como para a PNAD o informante é a população usuária e não os órgãos responsáveis pelo atendimento, torna-se muito difícil saber se se referem efetivamente à pré-escola vinculada ao sistema regular de ensino; geralmente, os termos usados são bastante vagos como "prezinho" e, na classe média, o termo creche é evitado, o que faz com que muitas creches particulares tenham outros nomes como "pré-escola", "jardim de infância", "escola maternal", "hotelzinho" etc.

2.2.1.1. Os dados do SEEC/MEC

Quanto às cifras processadas e divulgadas unicamente pelo SEEC/MEC, a imprecisão se mantém. Em primeiro lugar, ela é evidente quando se comparam diversas publicações desse órgão e encontram-se cifras que divergem, divergência esta devida tanto

---

20. O texto de José Carmelo B. Carvalho (1984), que compara os dados de 1980 (Censo e SEEC/MEC), encontra uma distorção da ordem de 11,4% em sentido inverso, possivelmente por não controlar as divergências entre os limites de idade (o Censo de 1980 cobre apenas pré-escolares entre 5 e 6 anos; o SEEC/MEC cobre pré-escolares na faixa de menores de 2 anos até maiores de 6 anos).

aos procedimentos de cálculo empregados e que não são explicitados[21], quanto a deslizes na impressão das tabelas[22].

Tais imprecisões seriam, porém, facilmente corrigíveis a curto ou médio prazo, desde que se fornecessem explicitamente os procedimentos usados para a composição das tabelas ou que a revisão da publicação fosse mais acurada.

A situação torna-se mais grave quando se tenta compreender qual o universo de escolas coberto pelas estatísticas divulgadas pelo SEEC/MEC. Isto é, como é composto o cadastro básico de pré-escolas para as quais as Secretarias Estaduais de Educação enviam o questionário.

Na medida em que a legislação em vigor (Lei nº 5.692/71) é praticamente omissa sobre o atendimento pré-escolar, não existem normas nacionais que regulamentem e autorizem o funcionamento de estabelecimentos pré-escolares. Dada a omissão da legislação federal, os Conselhos Estaduais de Educação regulamentam sobre a questão, através de pareceres e deliberações. No Estado de São Paulo, a pré-escola (denominada de educação infantil) está sendo regulamentada pela Deliberação nº 26/86 (homologada pela Secretaria de Educação em 16/1/87) que "fixa normas para autorização de funcionamento e supervisão de cursos, habilitações e de estabelecimentos de ensino municipais e particulares de 1º e 2º Graus, regulares e supletivos, de educação infantil e de educação especial, no sistema de ensino do Estado de São Paulo".

Nesta deliberação, destacamos os pontos pertinentes ao pré-escolar:

---

21. A publicação *Retrato Estatístico da Educação, Cultura e Desporto* — 1984 (Brasil, 1986) utiliza a expressão "dados preliminares" e informa que a matrícula inicial na pré-escola em 1984 correspondia a 2.493.381 crianças; a publicação *Dados pré-escolar, 1º e 2º graus:* estimativas 1984-86 (Brasil, 1985a, p. 28) utiliza a expressão "dados estimados" e informa que, em 1984, estavam matriculadas na pré-escola 2.241.108 crianças.

22. A *Sinopse estatística da educação pré-escolar* 1979/1980 (Brasil, s.d.) contém erros evidentes de impressão, podendo ser considerada uma fonte de informações inutilizável.

Artigo 1º, parágrafo 1º: "para fins desta deliberação, as escolas de educação infantil são aquelas que ministram educação sistemática anterior ao ensino de 1º grau"[23].

Artigo 1º, parágrafo 2º: "a Educação Especial, a Educação Infantil e o Ensino Supletivo merecerão tratamento diferenciado dos órgãos competentes, respeitadas suas características próprias".

Artigo 4º, parágrafo único: "Ficam dispensadas do prazo a que se refere este artigo as instituições municipais e as criadas por leis específicas para ministrar cursos regulares ou supletivos".

Pode-se, pois, concluir que, no Estado de São Paulo, as escolas de educação infantil, particulares e municipais, que não ministram educação sistemática, não necessitam de autorização para funcionamento e, mesmo aquelas que o fazem, são passíveis de receberem tratamento especial; também esta deliberação evidencia que as escolas municipais estão dispensadas de solicitarem autorização para funcionamento 120 dias antes de sua abertura. Ou seja: é muito provável que, no Estado de São Paulo, o cadastro de escolas de educação infantil (pré-escolas) subestime o atendimento oferecido, deixando de incluir instituições que atendem pré-escolares, tanto nas redes particulares quanto municipais. Na medida em que a autorização para funcionamento de uma pré-escola é bastante exigente, é possível imaginar na rede particular a existência de um número razoável de instituições pré-escolares "clandestinas", isto é, de escolas que não fazem parte do cadastro que compõe o Censo Escolar cujos dados são processados pelo SEEC/MEC.

Seja pelo fato de a população usuária não distinguir precisamente as instituições que atendem crianças na faixa de 0 a 6 anos, seja pelo fato de o cadastro das Secretarias de Educação não alcançar efetivamente o universo de instituições que atendem o pré-escolar, o fato é que as cifras processadas pelo SEEC/MEC

---

23. Não foi possível esclarecer o significado de "educação sistemática".

possivelmente subestimam a cobertura do atendimento ao pré-escolar[24].

Ora, a ambigüidade do SEEC/MEC vai mais além. Em uma de suas publicações contendo informações estatísticas (Brasil, MEC, 1986, p. 33) encontramos, sem qualquer explicação adicional, a seguinte classificação de atendimento pré-escolar: 0-1 ano, categoria creche; 2-3 anos, categoria maternal; 4-6 anos, categoria jardim. Além disso, dada a mencionada existência de instituições não cadastradas pelas Secretarias de Educação, caberia perguntar se tais instituições estariam sendo incluídas nas estatísticas do MEC.

Há ainda mais um problema, além dos mencionados: a conceituação de pré-escola para o SEEC/MEC não se manteve estável através dos tempos. Até 1976, a matrícula de crianças menores de 2 anos não era incluída no cômputo geral; a partir de 1986, tem-se a informação que o SEEC/MEC vem computando, também nas estimativas[25], dados sobre educação pré-escolar não-formal[26].

---

24. Consultas telefônicas feitas por nós a algumas Delegacias de Ensino da Grande São Paulo, acerca da necessidade de autorização para funcionamento de uma pré-escola, obtiveram respostas dúbias. Quase que sistematicamente, porém, abriram-se possibilidades para que "instituições de recreação, que não tivessem preocupação com o desenvolvimento cognitivo das crianças" prescindissem de registro. Fomos informadas, também, que, no caso de oferecermos materiais e jogos educativos ou organizarmos grupos por faixa etária, poderíamos ser classificadas como escola, e não como instituição de recreação — e estaríamos sujeitas a reclamações de pais junto a organismo de defesa do consumidor ou à visita de supervisor da Secretaria de Educação.

25. A partir de 1983, os dados divulgados pelo SEEC/MEC sobre pré-escola são estimativas baseadas em projeções estatísticas. "Estas projeções supõem que o fenômeno em estudo tenha um comportamento razoavelmente estável. Esta situação dificilmente ocorre em termos reais e muito menos ainda no caso da educação, onde as vicissitudes político-partidárias orientam a distribuição das poucas verbas disponíveis para o setor" (Souza e Kramer, 1988, p. 43).

26. Não encontramos definição para o que seja educação pré-escolar não-formal. Uma primeira idéia seria que, a partir de 1986, estariam sendo estimadas as matrículas do pré-escolar mantidas pelo antigo MOBRAL. O Centro de Informações Estatísticas da Secretaria da Educação do Estado de São Paulo sugere outra pista: antes de 1986 havia duas categorias de atendimento escolar às crianças menores de 6 anos — educação infantil e pré-escola — que foram agrupadas numa única, possivelmente a que recebe a denominação de pré-escola nas publicações do SEEC/MEC.

2.2.1.2. Os dados do IBGE

As estatísticas sobre pré-escola coletadas pelo IBGE provêm do Censo Demográfico (FIBGE, 1982 e 1983) e das PNADs (FIBGE, 1980 a 1988)[27]. A não ser em alguns momentos especiais (que voltaremos a mencionar), estas fontes coletam informações sobre o pré-escolar subsidiariamente, quando caracterizam a população estudantil. Afirmamos que esta coleta é subsidiária porque os Censos e as PNADs incluem o inquérito sobre pré-escolar no quesito sobre freqüência à escola, que impõe como limite inferior a idade de 5 anos e superior a de 6 anos. Neste sentido, as PNADs e os Censos contêm habitualmente informações sobre o pré-escolar apenas para a faixa etária 5-6 anos, que corresponde aproximadamente a 66,8% das crianças que freqüentam algum tipo de pré-escola, eliminando, portanto, aquelas que se situam entre 0 e 5 anos e as de mais de 6 anos.

Como afirmamos anteriormente, a conceituação de pré-escola aceita pelo IBGE é possivelmente mais ampla que aquela usada pelo SEEC/MEC. Possivelmente mais ampla porque aqui, também, a fluidez é intensa, como se constata na conceituação do quesito transcrito a seguir:

"Considerou-se como freqüência à escola não só o atendimento a cursos regulares, mas também a pré-escolas, alfabetização de adultos, supletivo..." (Censo 1980, 4, nº 1, p. XXX).

"Estudante. Foram classificados como estudantes as pessoas que freqüentavam cursos regulares (de 1º e 2º graus e superior), de mestrado ou doutorado, pré-escolares, de alfabetização de adultos..." (PNAD 86, v. 10, tomo 2, p. XXII).

Em algumas situações excepcionais, o IBGE se deteve na coleta de dados sobre o pré-escolar de forma mais ampla e intensa: no Suplemento Educação da PNAD 82 e no Suplemento

---

27. O sistema de pesquisas domiciliares foi implantado no Brasil em 1967. As informações sobre pré-escolares foram levantadas a partir de 1979. Anterior a esta data, havia coleta de dados sobre estudantes com menos de 7 anos, apenas se estivessem freqüentando o 1º Grau.

Menor da PNAD 85. É importante ressaltar, antes de qualquer outra análise, que estas constituem as duas únicas fontes disponíveis até 1988 em que, através de tabulações especiais, seria possível avaliar a composição racial de pré-escolares. Dada a riqueza potencial destas duas pesquisas, nos deteremos um pouco mais em sua descrição.

A PNAD 82 coletou informações sobre o pré-escolar nas duas partes: no seu corpo, isto é, no questionário sobre mão-de-obra, e no Suplemento Educação. No questionário sobre mão-de-obra, a informação se restringe aos estudantes de 5 e 6 anos que freqüentam pré-escola. No Suplemento Educação a faixa etária é mais ampla (0 a 6 anos) e, além da pergunta se a criança freqüenta ou não pré-escola, o questionário contém um quesito sobre gratuidade ou pagamento. A abrangência geográfica desta pesquisa é o Território Nacional, com exceção da zona rural da Região Norte.

Na publicação do Suplemento Educação da PNAD 82 encontramos apenas uma tabela sobre pré-escolar: pessoas de até 6 anos que freqüentam estabelecimento de ensino pré-escolar, por grupos de idade, segundo as classes de rendimento mensal familiar. Até o presente momento, não encontramos qualquer estudo que tenha se baseado em tabulações especiais, efetuando cruzamentos entre as diversas variáveis que esta PNAD possibilita (por exemplo, sexo, raça, nível de instrução do chefe de domicílio etc.).

A PNAD 85 é completada por um suplemento sobre a situação do menor (crianças e adolescentes entre 0 e 17 anos). O questionário contém uma parte específica para crianças de 0 a 6 anos, composta de 8 quesitos, dos quais 7 destinam-se especificamente à coleta de informações sobre freqüência a creche ou pré-escola[28].

---

28. As questões são: freqüenta algum tipo de creche ou pré-escola?; qual o tipo de creche ou pré-escola que freqüenta?; quantas horas por dia passa na creche ou na pré-escola?; paga para manter na creche ou pré-escola?; quando não está na creche ou pré-escola, com quem fica a maior parte do tempo?; qual o principal motivo de não freqüentar creche ou pré-escola?; com quem fica durante a maior parte do tempo?

Esta pesquisa abrangeu apenas as regiões metropolitanas e o Distrito Federal. Dos dados coletados pelo Suplemento Menor houve divulgação apenas no segundo semestre de 1988, das oito tabelas simples, sem expansão da amostra, correspondentes aos quesitos supracitados. A liberação da fita de computador para o usuário ocorreu em setembro do mesmo ano[29].

2.2.1.3. Taxas de escolarização

Além dos problemas decorrentes da imprecisão e variabilidade conceitual, é importante ressaltar, ainda, a fragilidade do indicador de escolarização que vem sendo utilizado para esta faixa etária.

O indicador de cobertura mais freqüente usada é a taxa de escolarização: relação entre população escolarizável (no caso crianças entre 0 e 6 anos) e população escolarizada (matrículas ou estudantes). Se, para o 2º Grau, o grande problema metodológico é definir o que seja população escolarizável, para a criança de 0 a 6 anos é difícil definir o que seja população escolarizada. Aqui, as dificuldades são de duas naturezas: a primeira seria resolver qual o melhor indicador, se a matrícula inicial ou se a matrícula final, pois na pré-escola existe uma razoável taxa de perda. Parece-nos recomendável que a taxa de escolarização, tendo em vista a avaliação da oferta, deve utilizar a matrícula inicial; se o cálculo da taxa de escolarização for realizado para avaliar características internas ao sistema (perdas), parece-nos mais adequada a opção pela matrícula final.

Quanto ao segundo ponto — a população escolarizada —, o problema existe na medida em que na idade de 6 anos a criança tanto pode estar freqüentando a pré-escola quanto o 1º Grau. Assim, em 1982, as matrículas iniciais de crianças com 6 anos correspondiam a 684.506 na pré-escola e 737.096 no 1º ano do 1º Grau. Ou seja, 51,8% das matrículas iniciais de crianças

---

29. O Suplemento foi publicado em 1989, posteriormente à elaboração deste texto.

com 6 anos eram efetuadas no 1º Grau. A maioria dos estudos recentes (Ferrari, 1988; Souza e Kramer, 1988)[30] não leva em consideração esta sobreposição de níveis que pode ocorrer aos 6 anos. Metodologicamente, os procedimentos para inclusão seriam de dois tipos: deduzir, da população total de 6 anos, aqueles que freqüentam o 1º Grau; ou incluir, na população escolarizada de 6 anos, aqueles que freqüentam o 1º Grau. É evidente que os procedimentos redundam em resultados diversos: no primeiro caso, teríamos uma taxa de escolarização, na pré-escola, para as crianças de 6 anos equivalendo aproximadamente a 29,0%; no segundo caso, teríamos uma taxa de escolarização no pré e 1º ano para a idade de 6 anos de 45,9%.

É evidente, também, que o procedimento adotado para se pensar a taxa de escolarização nesta faixa etária encaminha para propostas de atendimento diversas em nível político e pedagógico, como, por exemplo, a questão de se alfabetizar, ou não, crianças aos 6 anos.

Deve-se, porém, ter cautela quanto à opção que se adote, pois é possível levantar como hipóteses (na medida em que não existem dados publicados) que a população de 6 anos matriculada no 1º ano deve estar freqüentando a rede particular e provir de famílias com rendimentos mais altos.

Diante do que foi discutido recomenda-se que, ao se tratar da demanda por escolaridade de crianças de 0 a 6 anos, sejam também efetuados cálculos sobre taxas de escolarização na pré-escola e no 1º Grau.

Concluindo, o estado das estatísticas sobre creches e pré-escolas no Brasil reflete a própria situação do atendimento, isto é, sobreposição, falta de coerência conceitual, ausência de diretivas explícitas.

As tabelas apresentadas e discutidas a seguir foram elaboradas buscando tanto captar contradições entre os dados, quanto fornecer

---

30. Exceções: Poppovic et al., 1983; Campos, 1988.

um quadro contendo as principais características do atendimento ao pré-escolar no Brasil.

2.2.2. *Pano de fundo sócio-demográfico*[31]

Em 1986, residiam no Brasil 23.745.947 crianças, tendo entre 0 e 6 anos, representando aproximadamente 18% da população brasileira (Tabela 2.2.1). Observa-se uma certa variação na proporção dessa faixa etária na composição populacional das diferentes regiões: as Regiões Sudeste e Sul se situam abaixo da média nacional (15,8% e 16,4%, respectivamente) e as demais, acima: Região Norte (20,1%), Nordeste (20,7%) e Centro-Oeste (18,2%).

As crianças brasileiras de 0 a 6 anos vivem predominantemente em zona urbana (68,8%), sendo os extremos representados pela Região Sudeste com a taxa máxima de concentração urbana (82,4%) e pela Região Nordeste com a máxima concentração rural (49,8%).

Refletindo a diversidade de densidade populacional observada no país, a maior parte das crianças entre 0 e 6 anos vive nas Regiões Sudeste (40,1% dentre elas) e Nordeste (34,6%).

Desagregando-se a população de 0 a 6 anos em três faixas etárias (- de 1 ano; de 1 a 3 anos; de 4 a 6 anos) nota-se, obviamente, maior concentração nos grupos mais velhos que apresentam percentuais relativamente equilibrados (Tabela 2.2.2). Assim, em 1986, dentre as crianças de 0 a 6 anos, 13,6% tinham menos de 1 ano; 42,0% entre 1 e 3 anos e 44,4% entre 4 e 6 anos.

A Região Nordeste apresenta certa particularidade frente às demais: é aí que crianças de 0 a 6 anos contribuem em proporção mais elevada para a composição da população; onde encontramos a maior proporção de crianças com menos de 1 ano e também

---

31. As informações contidas neste subitem foram retiradas do *Perfil Estatístico de Crianças e Mães do Brasil* (FIBGE/UNICEF, 1988).

Tabela 2.2.2

Distribuição de crianças de 0 a 6 anos por grupos etários e regiões — 1986

Região	Menos de 1 ano			1 a 3 anos			4 a 6 anos			Total
	Números absolutos	% Sobre Crianças de 0 a 6 anos	% Sobre Crianças com menos de 1 ano no Brasil	Números absolutos	% Sobre Crianças de 0 a 6 anos	% Sobre Crianças de 1 a 3 anos no Brasil	Números absolutos	% Sobre Crianças de 0 a 6 anos	% Sobre Crianças de 4 a 6 anos no Brasil	
Norte	112246	13,1	3,4	352609	41,1	3,5	393760	45,8	3,7	858615
Nordeste	1164310	14,2	36,0	3503261	42,7	35,1	3541051	43,1	33,6	8208622
Sudeste	1285989	13,5	39,7	3896706	40,9	39,1	4337422	45,6	41,1	9520117
Sul	447859	12,9	13,8	1515060	43,7	15,2	1500850	43,3	14,2	3463769
Centro-oeste	227758	13,4	7,0	698364	41,2	7,0	768702	45,3	7,3	1694824
Brasil*	3238162	13,6	100,0	9966000	42,0	100,0	10541785	44,4	100,0	23745947

Fonte: FIBGE/UNICEF, 1989.

* Exclusive zona rural da Região Norte.

a região onde a maior parte das crianças reside em zona rural — 54,8% das crianças brasileiras de 0 a 6 anos residindo em zona rural pertencem à Região Nordeste.

Se se adota a conceituação de pobreza absoluta através do indicador "renda *per capita* de até 1/4 do salário mínimo", em torno de 20% das crianças brasileiras de até 6 anos aí estariam incluídas.

As diferenças regionais são bastante acentuadas: praticamente 40% das crianças entre 0 e 6 anos que vivem na Região Nordeste se situam no nível de pobreza absoluta, sendo que esta porcentagem ultrapassa o nível de 50% quando se consideram apenas crianças

Gráfico 2.2.1
Pessoas menores de 1 ano residentes em domicílio com saneamento inadequado por grandes regiões — 1986

DOMICÍLIOS COM SANEAMENTO INADEQUADO
% DE RESIDENTES MENORES DE 1 ANO

Região	Percentagem
BRASIL	60.2
SE	35.4
S	58.2
N	64.8
C-O	76.9
NE	84.6

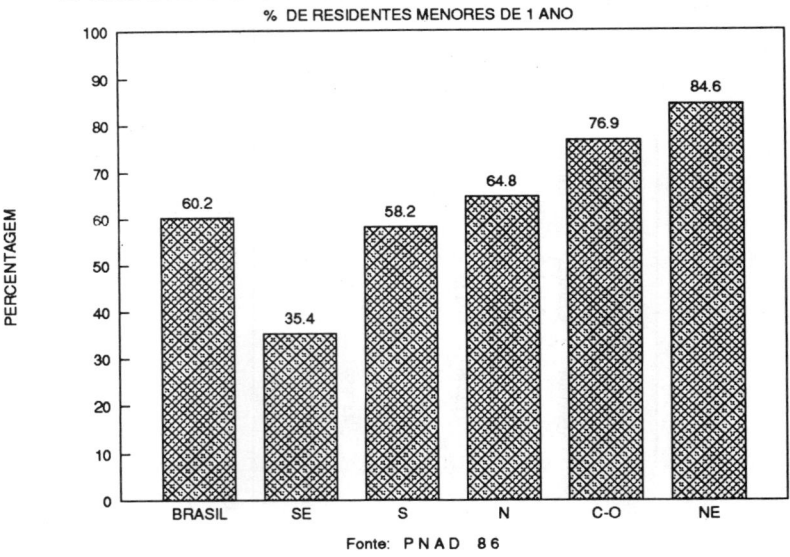

Fonte: PNAD 86

vivendo na zona rural desta região. Não se observou a tendência a que, no grupo de 0 a 6 anos, as crianças menores se situassem sempre com maior freqüência nos níveis inferiores de renda e com menor freqüência nos níveis superiores de renda.

Porém, de uma forma quase que universal, são as crianças com menos de 1 ano, independentemente do nível de rendimento, aquelas que vivem em domicílios cujas condições de saneamento são consideradas inadequadas. A comparação regional para crianças com menos de 1 ano de idade mostra uma diferenciação acentuada: enquanto na Região Sudeste 35,4% das crianças nesta faixa etária viviam em domicílios com saneamento inadequado, na Região Nordeste esta porcentagem alcançava a cifra de 84,6% (Gráfico 2.2.1)

Essa diferenciação tão marcante das condições de saneamento básico domiciliar sugere que se reflita, com maior atenção, para propostas de atendimento de emergência em locais cedidos pela comunidade para atender crianças de baixa renda, equipamentos que possivelmente serão tão inadequados no plano do saneamento quanto o domicílio da criança.

Propomo-nos, a seguir, analisar o atendimento em creches/pré-escolas nas regiões metropolitanas, a partir de tabulações preliminares (amostra não expandida) do Suplemento Menor da PNAD 85 (item 2.2.3); e avaliar a evolução e a cobertura atual da escolaridade de crianças de 0 a 6 anos no Brasil, baseada em dados coletados pelo SEEC/MEC e pelo IBGE (item 2.2.4).

2.2.3. *O atendimento em creches e pré-escolas nas regiões metropolitanas (PNAD 85)*

A análise em separado dos dados coletados pelo Suplemento Menor da PNAD 85 justifica-se na medida em que, apesar de se restringirem às regiões metropolitanas, são as únicas informações disponíveis que cobrem simultaneamente toda a faixa etária de 0 a 6 anos e ambas as formas de atendimento.

Agrupamos, na Tabela 2.2.3, as principais informações contidas nas oito tabelas disponíveis a partir de tabulações preliminares da amostra, antes de passarem pelo processo de expansão.

A primeira informação a destacar da Tabela 2.2.3 é que o atendimento parece ter crescido significativamente nos últimos anos. Apesar de contarmos, para anos anteriores, apenas com estimativas extremamente frágeis, estudos sugeriam que um pouco menos de 10% das crianças entre 0 e 6 anos estariam freqüentando creches ou pré-escolas (Rosemberg et al., 1985, p. 50). Em 1985, a PNAD revela mais do que o dobro para as 10 regiões pesquisadas: 23,2% das crianças entre 0 e 6 anos residindo nas regiões metropolitanas estariam freqüentando creches ou pré-escolas. As variações regionais não parecem ser significativas, merecendo destaque as porcentagens inferiores observadas em Porto Alegre (16,3%) e Curitiba (18,5%).

São altas as porcentagens de crianças freqüentando creches e pré-escolas particulares (56,8%): a ambigüidade dos conceitos de creche pública e particular, bem como a inclusão provável de creches conveniadas entre as particulares são razões que devem ser consideradas na apreciação destas porcentagens. Assim mesmo, chama atenção a significativa proporção de freqüência a estabelecimentos públicos em São Paulo, a mais elevada entre todas as regiões pesquisadas (50,0%).

Também são muito altas as porcentagens da rubrica "paga para freqüentar creche/pré-escola" (87,4%), cifra que ultrapassa a freqüência a todos os tipos de equipamentos não-públicos, diferença esta que confirma a observação de que a maioria das creches cobra alguma coisa das famílias, e que mesmo as pré-escolas públicas recolhem contribuições, geralmente através das Associações de Pais e Mestres — APMs.

A grande maioria das crianças (80,2%) freqüenta creches e pré-escolas em período parcial (até 4 horas), sendo que as jornadas mais longas constituem experiências mais comuns para crianças de São Paulo, Curitiba e Porto Alegre. O fato de a maioria freqüentar estabelecimentos em meio período não surpreende, pois

Tabela 2.2.3
Distribuição percentual* das respostas a quesitos
relativos a crianças de 0 a 6 anos, em Regiões Metropolitanas 1985

QUESITOS	TOTAL	BEL	FOR	REC	SAL	BHZ	RJ	SP	CUR	PA	DF
Freqüenta creche ou pré-escola	23,2	27,3	28,7	22,5	25,1	21,4	27,1	21,7	18,5	16,3	24,4
Tipo de creche ou pré-escola											
Particular	56,8	59,0	48,6	59,3	63,8	68,5	70,1	41,8	57,4	52,9	40,6
Pública	34,2	32,8	46,9	27,0	27,0	25,0	21,5	50,0	32,7	30,3	50,4
De empresa	0,4	0,1	0,2	0,0	0,1	0,0	0,3	0,4	1,2	0,5	1,3
Paga para freqüentar creche ou pré-escola	87,4	85,8	86,9	78,0	87,0	92,8	90,1	84,7	90,0	91,3	88,3
Jornada											
Até 4 horas	80,2	90,9	94,9	85,7	79,7	81,8	80,9	67,5	65,2	61,6	85,8
Mais de 4 horas	9,4	3,7	1,5	1,5	10,9	12,9	12,0	13,7	17,9	19,0	4,3
8 horas ou mais	6,8	3,1	1,3	1,6	1,7	3,5	5,1	16,7	15,0	17,7	7,8
Idade com que começou a freqüentar											
Menos de 1 ano	4,3	1,5	0,6	1,9	0,3	4,6	2,4	8,8	7,5	15,0	4,1
1-2 anos	18,6	13,1	13,7	24,2	14,3	23,7	18,4	18,4	20,9	24,0	16,6
3-5 anos	66,7	78,9	79,7	60,7	73,1	60,7	69,3	61,0	57,2	50,0	69,2
6 anos	6,9	4,9	3,8	4,1	5,7	9,5	7,5	9,7	10,0	7,1	7,3
Por que não freqüenta											
Não há necessidade	70,0	77,8	73,0	67,6	69,7	67,1	64,9	71,9	64,9	75,2	68,4
Falta de condições financeiras	15,1	10,7	10,6	21,0	18,9	18,4	20,6	10,4	13,8	10,6	17,1
Distante de casa	5,0	3,0	6,5	2,9	2,4	5,7	4,3	6,2	9,6	4,8	3,8
Com quem fica quando não está na creche/pré-escola											
Mãe	72,4	69,7	71,3	74,6	70,8	75,6	74,1	75,2	73,9	73,1	60,3
Irmãos maiores de 13 anos	1,8	2,0	2,2	1,7	2,2	2,5	1,6	1,3	1,0	1,0	2,6
Só ou com irmão menor de 14 anos	2,5	3,7	4,1	1,0	2,9	1,5	1,0	2,6	3,9	1,5	4,0
Na rua	0,0	0,0	0,0	0,0	0,0	0,2	0,0	0,1	0,0	0,0	0,0
Com quem fica a maior parte do tempo											
Mãe	78,4	78,1	77,7	82,8	73,4	82,4	79,5	78,1	77,0	77,0	74,6
Irmãos maiores de 13 anos	1,9	2,2	1,9	1,4	1,9	2,1	1,9	1,6	2,5	1,4	1,9
Só ou com irmão menor de 14 anos	2,7	2,8	2,1	1,9	3,2	2,4	2,1	3,6	4,2	2,1	2,8
Na rua	0,0	0,0	0,0	0,0	0,0	0,0	0,0	0,0	0,1	0,0	0,0

* Para cada quesito foram descartadas as percentagens das respostas de cunho negativo ou com ausência de informação, donde não ocorrer soma de 100% no quesito. *Fonte*: Tabulações Preliminares do Suplemento Menor, PNAD 85.

este é, em geral, o tipo de serviço mais acessível, tanto na rede pública quanto particular.

Os dados mais interessantes da Tabela 2.2.3 relacionam-se à idade com que a criança começou a freqüentar a creche/pré-escola: 66,7% iniciaram na faixa etária de 3 a 5 anos. Aqui, também, as regiões metropolitanas de São Paulo, Curitiba e Porto Alegre são aquelas em que um maior número de crianças começa a freqüentar a creche com menos de 1 ano. Estes três conglomerados urbanos são, provavelmente, aqueles que dispõem de uma rede de creches em tempo integral mais numerosa e que acolhe bebês.

Os dados revelam que quase metade das crianças começaram a freqüentar creche ou pré-escola antes dos 3 anos. Isto indica uma sensível modificação nas atitudes familiares quanto ao significado atribuído a equipamentos para educação e cuidado de crianças pequenas.

Nota-se, também, que são pouquíssimas (4,3%) as crianças que começam a freqüentar a creche com menos de 1 ano, fato este compreensível pela pequena disponibilidade de berçários em empresa (apenas 0,4% das pessoas consultadas se utilizam de creches de empresa) e pelo reduzido número de vagas disponíveis para bebês em creches públicas e conveniadas.

Os dados permitem, também, que se tenha uma avaliação do usufruto do direito à creche regulamentada pela CLT: apenas 1,0% das crianças que freqüentam estabelecimentos pré-escolares utilizam berçário na empresa ou creche conveniada com empresa. Esta observação adquire maior consistência quando se lembra que 4,3% das crianças que freqüentam creche o fazem antes de atingir a idade de 1 ano.

Quando se analisam as principais razões evocadas para que as crianças não freqüentem creches/pré-escolas encontramos: "não há necessidade" (70,0%), "falta de condições financeiras" (15,1%) e "distante da casa" (5,0%). Uma interpretação adequada destes dados só seria possível se dispuséssemos de cruzamentos entre as razões evocadas, a idade das crianças, o estrato sócio-econômico ao qual pertence a família e a condição de atividade da mãe.

Finalmente, é importante comentar os últimos dados contidos na Tabela 2.2.3: quando não estão na creche/pré-escola as crianças de 0 a 6 anos são cuidadas principalmente pela mãe, sendo muito poucas as que ficam sós, com irmãos ou na rua. É possível que ocorra censura na resposta a estas perguntas, ajustando-as às expectativas sociais que ainda prevalecem, de que a pessoa mais adequada para cuidar da criança pequena é a mãe. Apesar disso, estas porcentagens constituem as primeiras informações quantitativas de que o fenômeno "crianças abandonadas" provavelmente não é tão extensivo quanto se alardeou nesses últimos anos. Quando assinalamos este fato, não é nossa intenção minimizar as dificuldades de vida das famílias pobres, que constituem maioria da população brasileira. Apenas queremos sinalizar que os argumentos apoiados no "abandonismo" para extensão da rede de creches e pré-escolas são equivocados, tanto no plano da realidade quanto da postura político-filosófica que os orientam, ou da representação que veiculam sobre as formas de organização das famílias pobres. Se se considera necessário expandir a rede de creches e pré-escolas para todas as famílias que delas queiram se utilizar, esta necessidade é respaldada em direitos adquiridos por todos os brasileiros e consagrados através da nova Constituição.

Inflacionar o número de crianças abandonadas no país tem sido apontado como tática manipulatória, seja para superdimensionar a pobreza a tal nível que ela se transforme em problema insolúvel, seja para conseguir ou justificar verbas especiais para populações ditas especiais (no caso, as crianças que hipoteticamente são abandonadas pelas famílias). O que importa é que serviços públicos destinados à população em geral sejam planejados de tal forma que atinjam, sempre e prioritariamente, os estratos mais pobres, com hábitos de vida por vezes diversos daqueles encontrados na classe média.

2.2.4. Escolaridade de crianças entre 0 e 6 anos

Nesta caracterização da escolaridade de crianças entre 0 e 6 anos destacamos, a partir de estudos realizados e da análise de estatísticas recentes, três pontos para discussão: a comparação entre os dados divulgados pelas duas fontes coletoras (SEEC/MEC e IBGE); a evolução na extensão do atendimento ao pré-escolar; e tendências atuais na escolaridade de crianças entre 0 e 6 anos.

Comparação entre as fontes. É possível comparar dados coletados pelo SEEC/MEC e pelo IBGE exclusivamente para o período 1979-1986 relativos a crianças que entre 5 e 6 anos freqüentavam a pré-escola (Tabela 2.2.4).

Tabela 2.2.4
Comparação entre o número de pré-escolares (IBGE) e matrículas iniciais na pré-escola (SEEC/MEC) relativos a crianças de 5 a 6 anos
1979-1986 — BRASIL

Anos	Estudantes na pré-escola 5-6 anos (IBGE)	Matrícula inicial na pré-escola 5-6 anos (SEEC/MEC)	% SEEC/IBGE
1979	1.073.755	838.379	78,1
1980*	893.256	—	—
1981	1.083.081	983.518	90,8
1982	1.756.117	1.211.538	69,0
1983	1.778.154	1.339.324	75,3
1984	2.090.388	1.437.807	68,8
1985	2.389.262	1.579.915	66,1
1986	2.651.179	1.726.894	65,1

Fontes: IBGE (PNADs 79, 81, 82, 83, 84, 85, 86 e Censo 1980).
Brasil (SEEC/MEC), 1985a e b.
* Não existem dados válidos coletados pelo SEEC/MEC para este grupo etário.

É fantástica a discordância que se observa entre os dados coletados pelas duas fontes. A tendência observável na Tabela 2.2.4 é que esta discordância vem aumentando progressivamente, sendo que em 1986 as matrículas iniciais registradas pelo SEEC/MEC correspondiam a apenas 65% dos pré-escolares estimados pela coleta da PNAD 86. Dentre as explicações possíveis para isso, deve-se levar em conta erros possíveis de expansão da amostra na PNAD e a existência de inúmeras pré-escolas clandestinas não cadastradas e não captadas pelos Censos Escolares.

Incompatibilidades tão notáveis encaminham para duas sugestões: que o Censo de 1990 inclua a freqüência à pré-escola e/ou creches sem limite de idade, e que os diagnósticos sobre o atendimento ao pré-escolar se baseiem, por enquanto, em ambas as fontes de dados.

Evolução. Apesar do pequeno número de crianças entre 0 e 6 anos que recebem alguma forma de atendimento educacional, a análise de séries históricas aponta para uma evolução notável da cobertura. Por razões metodológicas, apresentaremos e discutiremos os dados agrupados em dois períodos distintos: num primeiro momento o período 1970-1978, por dispormos apenas de dados coletados pelo SEEC/MEC; num segundo momento, dados relativos ao período 1979-1986, por dispormos simultaneamente de dados coletados pelo SEEC/MEC e pelo IBGE.

O período 1970-1978 já apresentava um crescimento intenso, seja nas matrículas iniciais, seja nas finais (Tabela 2.2.5). Porém, os índices anuais de crescimento foram bastante variáveis, ocorrendo expansão significativa das matrículas, principalmente em

Tabela 2.2.5
Evolução da matrícula inicial e final em educação pré-escolar (SEEC/MEC)
1970-1978 — Brasil

Ano	Matrícula Inicial	Matrícula Final	% (Final/Inicial)	Evolução da matrícula (em %) Inicial	Final	Índices anuais de crescimento da matrícula Inicial	Final
1970	374267	346656	92,6	100,0	100,0	—	—
1971	422313	437010	103,5	112,8	126,1	11,4	26,1
1972	459960	469400	102,1	122,9	135,4	8,9	7,4
1973	498424	495482	99,4	133,2	142,9	8,3	5,6
1974	529845	551112	104,0	141,6	159,0	6,3	11,2
1975	566008	574775	101,5	151,2	165,8	6,8	4,3
1976	707470	679627	96,1	189,0	196,0	25,0	18,2
1977	780048	830132	106,4	208,4	239,5	10,2	22,1
1978	944583	103182	109,2	252,4	297,6	21,2	24,3

Fonte: SEEC/MEC apud Ferrari (1988, p. 57).

1971, 1976, 1977 e 1978. É importante lembrar que na segunda metade da década de 70 houve intensa mobilização popular, principalmente nas grandes capitais, em torno da reivindicação por educação para crianças pequenas.

Uma particularidade do período é que não se observa uma tendência constante de superioridade das matrículas iniciais sobre as finais, ou seja, em vários anos (1971, 1972, 1974, 1975, 1977, e 1978) as matrículas finais sobrepujaram as iniciais.

Trata-se de uma época em que a pré-escola praticamente não conhecia perda, fato este possivelmente determinado pela maior seletividade sócio-econômica de sua clientela, e por atender um número bastante pequeno de crianças com menos de 5 anos: clientela mais rica está menos sujeita a deslocamentos; crianças mais ricas e maiores estão menos sujeitas a problemas de saúde, principais causas de evasão do pré-escolar.

Para o período 1979-1986 analisaremos, inicialmente, apenas o atendimento pré-escolar para crianças de 5 e 6 anos[32], única faixa etária para a qual dispomos de dados coletados simultaneamente pelas duas fontes consideradas (Tabela 2.2.6). A tendência mais importante observada nesta tabela é a acentuada evolução no atendimento à população de 5 e 6 anos, atestada pelos indicadores usados a partir dos dados coletados pelas duas fontes. Assim, entre 1979 e 1986, o crescimento do total de crianças escolarizadas naquela faixa etária foi da ordem de 146,9%, e o incremento das matrículas iniciais foi de 106,0%.

Observa-se, porém, que o crescimento anual não manteve um ritmo constante, ocorrendo uma expansão apreciável entre 1981 e 1982 (evidentes nos dados do IBGE), seguida de uma desaceleração notável entre 1982 e 1983 (evidentes em ambas as fontes).

---

32. Crianças tendo entre 5 e 6 anos absorviam 67,6% das matrículas iniciais nas pré-escolas, segundo o SEEC/MEC.

Tabela 2.2.6
Evolução de indicadores demográficos e de escolarização na pré-escola entre crianças de 5 a 6 anos
1979 - 1976 — Brasil

Anos	População 5-6 anos			Estudantes de pré-escola (IBGE)				Matrículas iniciais na pré-escola (SEEC-MEC)			
	Números absolutos	Evolução (em %)	Índices anuais de crescimento	Números absolutos	Evolução (em %)	Índices anuais de crescimento	Taxa de escolarização	Números absolutos	Evolução (em %)	Índices anuais de crescimento	Taxa de escolarização
1979	5957782	100,0	—	1073755	100,0	—	18,0	838379	100,0	—	14,1
1980	6055258	101,6	1,6	893256	83,2	16,8	14,7	—	—	—	—
1981	6009911	100,9	-0,7	1083081	100,9	21,2	18,0	983518	117,3	—	16,4
1982	6195803	104,0	3,1	1756117	163,5	62,1	28,3	1211538	144,5	23,2	19,6
1983	6312231	105,9	1,9	1778154	165,6	1,3	28,2	1339324	159,7	10,5	21,2
1984	6495671	109,0	2,4	2090388	194,7	17,6	32,2	1437807	171,5	7,4	22,1
1985	6824741	114,5	5,1	2389262	222,5	14,3	35,0	1579915	188,4	9,9	23,1
1986	6895158	115,7	1,0	2651179	246,9	11,0	38,4	1726894	206,0	9,3	25,0

Fontes: FIBGE (PNADs e Censo 1980).
Brasil (SEEC/MEC), 1985a e b.
* Não existem dados válidos publicados pelo SEEC/MEC para este grupo etário.

Possivelmente duas ordens de fatores explicam este fluxo e refluxo do atendimento do pré-escolar: a atuação intensiva do MOBRAL na expansão do atendimento pré-escolar e o efeito da crise econômica, já que, "contrariando as expectativas usuais, a queda no gasto social (no Brasil) só se manifestou a partir de 1982, ainda que a situação econômica já apresentasse sinais de deterioração desde o primeiro ano da década" (Rezende e Afonso; 1988, p. 120).

Para a Tabela 2.2.7 foram transportadas as principais variáveis, que permitem apreender como se deu a evolução das matrículas iniciais no período 1979-1986. Notamos: uma tendência ao crescimento (apesar de se manter em níveis extremamente baixos) de matrículas de crianças tendo 4 anos ou menos; um crescimento bastante intenso das matrículas rurais, apesar de permanecerem extremamente baixas; uma evolução acentuada na rede pública, merecendo destaque o impulso tomado pela rede municipal.

Pelo recorte efetuado, e pelo fato de analisarmos matrículas iniciais e não finais, as conclusões a que chegamos sobre a evolução do atendimento nos setores público e privado divergem daquelas apresentadas por Ferrari (1988, pp. 66-7 e 72), que assinala: "Mesmo à luz dos dados mais recentes, o ponto mais importante foi o aumento relativo da participação do setor privado que, no início do período, tinha cerca de 39% da matrícula final total e que elevou esse índice para níveis superiores a 45% (desde 1973 até 1981). A redução para 40%, a partir de 1982, pode estar indicando uma reversão de tendência, mas ainda representa uma participação percentual superior à do início do período. Tais dados confirmam o processo de privatização na educação pré-escolar, denunciado em trabalhos anteriores" (Ferrari, 1988, p. 67).

Considerando as matrículas iniciais[33] no período 1979-1986, o índice médio de crescimento do setor público foi de 160,7% e do setor privado 83,1%; considerando-se, agora, a porcentagem

---

33. A evasão é menos freqüente na rede particular porque sua clientela provém, provavelmente, de famílias com melhores rendimentos.

Tabela 2.2.7
Evolução da matrícula inicial na pré-escola por idade, localização e rede
1979/1986 — Brasil

		1979				1986		Índice de crescimento 1979/1986
		Nºs absolutos	%	Taxa de escolarização	Nºs absolutos	%	Taxa de escolarização	
Idade	Total	11948104	100,0	5,5	2699287	100,0	11,4	125,3
Até 4 anos		359725	30,0	2,3	829019	30,7	4,9	130,5
5 e 6 anos		838379	70,0	14,1	1870268	69,3	27,1	123,1
Localização	Total	1198104	100,0	5,5	2699287	100,0	11,4	125,3
Rural		26600	2,2	0,3	158060	5,9	2,1	494,2
Urbana		1171504	97,8	9,3	2541227	94,1	15,6	116,9
Rede	Total	1198104	100,0		2699298	100,0		125,3
Pública		652298	54,5		1700358	63,0		160,7
Federal		6417	0,5		62767	2,3		878,1
Estadual		290175	24,2		748302	27,7		157,9
Municipal		356006	29,7		889289	32,9		149,8
Particular		545506	45,5		998928	37,0		83,1

Fontes: Brasil (SEEC/MEC), 1985a, b (matrículas iniciais).
FIBGE-PNADs 79 e 86 (população 0 - 6 anos).

95

de matrículas iniciais para cada rede, em 1979, o setor privado abrigava 45,5% (e o público, complementarmente, 54,5%) e apenas 37,0% em 1986 (o setor público contando com 63,0% das matrículas iniciais). É importante relativizar a precisão destas cifras, pois trata-se de estimativas; elas podem estar sendo subestimadas nas redes privada e municipal (esta última pelo menos em São Paulo) pelo não cadastramento de escolas.

Tabela 2.2.8
Evolução das matrículas iniciais na pré-escola por região
1979/1986

Região	1979 N	1979 %	1986 N	1986 %	Índice de crescimento 1979-1986
Norte	39.469	3,3	144.084	5,3	265,0
Nordeste	276.291	23,1	788.621	29,2	185,4
Sudeste	685.962	57,2	1.213.837	45,0	76,9
Sul	130.323	10,9	362.044	13,4	177,8
C. Oeste	66.059	5,5	190.701	7,1	188,7
Brasil	1.198.10	100,0	2.699.287	100,0	125,3

Fonte: Brasil (SEEC/MEC) 1985a, b.

Quanto à evolução das matrículas iniciais nas diferentes regiões, é no Sudeste que encontramos os menores índices de crescimento, apesar de ser a região que dispõe do maior número (absoluto e relativo) de matrículas iniciais, além de apresentar as melhores taxas de escolarização (Tabela 2.2.8).

Analisando-se a evolução da taxa global de escolarização para crianças de 5 e 6 anos, independentemente de estarem freqüentando o pré ou o 1º Grau, nota-se, também, uma evolução considerável no período 1979-1986: em 1979 estavam matriculadas na escola 23,9% crianças de 5 e 6 anos; em 1986 eram 39,2%.

Resumindo. Os indicadores usados neste diagnóstico indicam uma evolução quantitativa importante do atendimento pré-escolar, que, apesar de apresentar perfil qualitativo quase que semelhante ao da década de 70, aponta algumas tendências novas, em especial sua municipalização.

Tendências atuais (1986)[34]. Em 1986 existiam 35.146 estabelecimentos de ensino pré-escolar no país, dos quais 12,8% em zona rural. A maioria deles (67,5%) pertenciam à rede pública, principalmente estadual (32,7%) e municipal (31,2%). A rede federal distribuía-se desigualmente pelo Território Nacional: fazia-se principalmente presente em unidades das regiões Norte, Nordeste e Sul (Roraima, Amapá, Rio Grande do Norte, Paraná e Santa Catarina).

Pertencem à rede municipal 67% dos estabelecimentos de ensino pré-escolar situados em zona rural.

O quadro de pessoal da rede pré-escolar contava, em 1986, com 118.336 funções docentes, das quais 5,1% estavam lotadas em zona rural. À rede pública pertenciam 56,2% das funções docentes de pré-escola e 63,0% das matrículas, indicando uma relação função docente/aluno mais elevada na rede pública.

Encontramos para as diferentes redes as seguintes relações função docente/matrículas iniciais: federal, 10,3; estadual, 28,9; municipal, 25,7; particular, 18,0. Notar a relação nitidamente mais baixa da rede federal, indicando, muito provavelmente, desvio de função de professores(as) pré-escolares para esta rede.

Quanto à qualificação do pessoal docente, existem dados disponíveis para 1983, informando que 85,2% dos(as) professores(as) de pré-escola possuem formação equivalente a 2º e 3º graus. Este alto nível de formação do(a) professor(a) pré-escolar é mais notável nas redes estadual, municipal e particular. Como informa Ferrari (1988, pp. 69-70) os(as) docentes de pré-escola teriam "uma qualificação formal mais elevada do que a dos docentes de 1º grau. Haveria, sim, que aprofundar a questão da preparação específica para a educação pré-escolar". É importante ressaltar, também, o efeito de uma superestimação provável,

---

34. Salvo menção em contrário, os dados contidos neste item provêm de Brasil, SEEC/MEC, 1985a, 1985b e 1986.

principalmente na rede particular, pois talvez sejam as pré-escolas clandestinas, aquelas que não cumprem critérios mínimos de funcionamento, que devem empregar pessoal menos qualificado.

Em 1986, a pré-escola registrava 2.699.287 matrículas iniciais, 63% das quais na rede pública, 94,1% em zona urbana e 64% ocupadas por crianças tendo entre 5 e 6 anos. Considerando-se como população escolarizável na pré-escola as crianças na faixa de 0 a 6 anos, a taxa de escolarização seria de 11,4%. Considerando-se apenas o grupo etário entre 5 e 6 anos, estariam matriculadas na pré-escola 25% das crianças. Levando-se em consideração que em 1986 um número razoável de crianças com menos de 7 anos estava matriculada no 1º Grau (977.372), obtém-se para o grupo de 5-6 anos uma taxa de escolarização de 39,2%. É importante notar que, de acordo com dados do MEC, a matrícula inicial de crianças com menos de 7 anos no 1º Grau (possivelmente tendo 6 anos) é superior ao número de crianças de 6 anos matriculadas na pré-escola.

A pré-escola apresenta, também, como os demais níveis escolares, taxas de evasão (ou expulsão)[35]. Em 1985 ocorria uma perda de 16,1%, sendo mais acentuada no meio rural (38,4%) e nas escolas federais (33,55%). As redes particular e municipal foram as que apresentaram índices inferiores de perda (18,9% e 9,2%, respectivamente). Não dispomos de informação sobre este dado desagregado por idade e por nível sócio-econômico da família, variáveis que poderiam contribuir para a compreensão do problema.

Merece destaque o fato de a rede municipal ser aquela que conta com o maior número de matrículas rurais — localização que apresenta maior índice de evasão — embora constitua, dentro da rede pública, a que evidencia níveis mais baixos de evasão.

A distribuição de matrículas iniciais e de estudantes de pré-escola está diretamente relacionada à densidade das regiões: assim, as regiões Nordeste e Sudeste são as que contam com o

---

35. A evasão foi calculada através da relação entre matrícula final e inicial.

maior número de pré-escolares. A Tabela 2.2.9 permite, mais uma vez, que se constate a não comparabilidade entre os dados coletados pelo SEEC/MEC e aqueles coletados pelo IBGE: notar que na Região Nordeste encontramos um número maior de estudantes de pré-escola tendo entre 5 e 6 anos do que o número de matrículas iniciais para todas as faixas etárias!

Tabela 2.2.9
Distribuição de matrículas iniciais (SEEC/MEC) e de estudantes de pré-escola (IBGE) por região
Brasil — 1986

Região	Matrículas iniciais todas as idades N	%	Estudantes na pré-escola de 5 e 6 anos N	%
Norte*	144.084	5,3	117.465	4,4
Nordeste	788.621	29,2	879.958	33,2
Sudeste	1.213.837	45,0	1.220.884	46,1
Sul	362.044	13,4	269.148	10,2
C. Oeste	190.701	7,1	163.724	6,2
Brasil*	2.699.287	100,0	2.651.179	100,0

Fontes: Matrículas iniciais: Brasil (SEEC/MEC), 1986; Estudantes na pré-escola: PNAD 86.
* Os dados coletados pela PNAD não incluem a zona rural da Região Norte.

A composição da população de crianças freqüentando pré-escola, tanto sócio-econômica quanto por sexo, não consta das estatísticas processadas pelo SEEC/MEC. Recorremos, então, aos dados disponíveis nas PNADs.

A taxa de participação feminina entre pré-escolares com 5 e 6 anos vem se mantendo relativamente constante desde 1982 (em torno de 50%). Em 1986, a PNAD informava que 50,0% dos pré-escolares eram meninas.

Tabela 2.2.10
Crianças de até 6 anos que freqüentam estabelecimento de ensino pré-escolar, segundo grupos de idade, por classe de rendimento familiar mensal
Brasil — 1982

Classes de rendimento mensal familiar	Total	%	Até 1 ano	2 a 3 anos	4 a 6 anos
Até 1 s.m.	304.645	11,6	4,3	7,3	12,2
+ de 1 s.m. a 2 s.m.	470.989	17,9	13,7	10,3	18,8
+ de 2 s.m. a 5 s.m.	820.070	31,2	22,6	21,9	32,4
+ de 5 s.m.	985.314	37,5	59,0	58,2	34,8
S/ rendimento	31.584	1,2	0,4	0,9	1,2
S/ declaração	16.411	0,6	—	1,3	0,6
Total	2.629.013	100,0	100,0	100,0	100,0

Fonte: PNAD 82.

De acordo com a PNAD 82, a pré-escola também constitui um nível de ensino que não possibilita o acesso às crianças provenientes das famílias mais pobres. Em 1982, apenas 29,5% das crianças que freqüentavam a pré-escola provinham de famílias com rendimento *médio* mensal de até 2 S.M. À medida que se eleva a idade da criança, a participação de estudantes provenientes de famílias com rendimentos inferiores aumenta: até 1 ano de idade estão na pré-escola apenas 18% das crianças provenientes de famílias com rendimento médio mensal igual ou inferior a 2 S.M.; esta porcentagem sobe para 31% na faixa etária de 4 a 6 anos (Tabela 2.2.10).

O *Perfil Estatístico de Mães e Crianças no Brasil* (FIBGE e UNICEF, 1988) informa a composição sócio-econômica de crianças entre 5 e 6 anos que freqüentam escola (pré-escola e 1º Grau) em 1986 (Tabela 2.2.11).

Tabela 2.2.11
Crianças de 5 a 6 anos que freqüentam escola, por classe de rendimento mensal familiar *per capita*
Brasil — 1986 (em %)

Níveis de rendimento mensal familiar *per capita*	% de crianças que freqüentam escola
Até 1/4 s.m.	28,9
+ de 1/4 a 1/2 s.m.	35,5
+ de 1/2 a 1 s.m.	42,9
+ de 1 a 2 s.m.	56,8
+ de 2 s.m.	75,4

Fontes: FIBGE e UNICEF, 1988.

Os dados contidos na Tabela 2.2.11 permitem afirmar que o acesso à escola para crianças de 5 e 6 anos é diretamente proporcional ao nível de renda da família.

Resumindo. A avaliação dos indicadores educacionais para crianças entre 0 e 6 anos é bastante imprecisa, devido a falhas nos procedimentos de coleta de dados e à multiplicidade de conceitos de creche e pré-escola vigindo no país. Neste sentido, uma avaliação, no momento, é imprecisa, apontando apenas para tendências.

A caracterização sócio-econômica assinalou que a maior parte de crianças tendo entre 0 e 6 anos vivem em zona urbana e compartilham, com crianças até 9 anos, o fato de constituírem os segmentos etários em que se encontra a maior porcentagem de pobreza absoluta. São as crianças com menos de 1 ano as que vivem em maior número em domicílios inadequados do ponto de vista de saneamento básico.

Houve um aumento significativo nos últimos anos no atendimento em creches e pré-escolas, ocorrendo, também, uma diminuição da idade média dos pré-escolares. Isto é, está entrando em creches e pré-escolas um maior número de crianças com menos de 4 anos, apesar de a concentração de estudantes ocorrer nas idades de 5 e 6 anos.

A evolução das matrículas iniciais se deu principalmente graças à maior abertura do setor público, em especial da rede municipal, responsável pela quase totalidade do atendimento rural. A pré-escola é uma instituição eminentemente urbana, que interpõe, como os demais níveis de ensino, barreiras de acesso mais intensas às crianças provenientes de famílias com rendimentos inferiores.

3. SUGESTÕES PARA UMA POLÍTICA NACIONAL DE EDUCAÇÃO DA CRIANÇA DE 0 A 6 ANOS

3.1. A Questão Conceitual

Historicamente, as duas modalidades de atendimento, creche e pré-escola, surgiram a partir de contextos de demandas diversos.

Como mostra Tizuko Kishimoto (1985), os primeiros jardins de infância, precursores das pré-escolas de hoje, surgiram a partir de modelos desenvolvidos em outros países, voltados para crianças de famílias mais abastadas. Em São Paulo, as primeiras iniciativas dirigidas para crianças das camadas trabalhadoras possuíam um cunho assistencialista e se deram no contexto dos conflitos operários das primeiras décadas do século. Tanto as creches nos locais de trabalho, como as creches filantrópicas e, menos acentuadamente, os "parques infantis" da cidade de São Paulo, tinham como principal preocupação atender às necessidades das mães que trabalhavam fora, com objetivos de cuidado e assistência à infância.

Posteriormente, à medida que as pré-escolas públicas foram se expandindo, com a difusão da teoria da privação cultural e da proposta de educação compensatória, a rede de educação pré-escolar adotou como principal objetivo a preparação da criança para o 1º Grau. A ênfase instrucional substituiu a orientação anterior, herdada do movimento da Escola Nova, que valorizava mais a recreação e a socialização.

Enquanto isso, as creches permaneceram vinculadas a órgãos de bem-estar social, onde a preocupação educacional, quando existia, era secundária.

Dessa forma, pode-se considerar que, na faixa de 0 a 6 anos de idade, consolidaram-se dois tipos de atendimento paralelos: o que se convencionou chamar de creche, de cunho mais assistencial e de cuidado, e a pré-escola, ligada ao sistema educacional e refletindo suas prioridades de caráter instrucional.

Pelos dados disponíveis, sabemos que, tanto uma quanto outra conferem maior cobertura às faixas mais próximas dos 7 anos. Mesmo a creche, que objetiva atender a criança desde o primeiro ano de vida, apresenta um menor número de matrículas nas faixas de idade mais baixas.

Além disso, não necessariamente, a creche atende em período integral e a pré-escola em meio período. Contingente expressivo das creches vinculadas à LBA, por exemplo, funcionam em meio período, e algumas pré-escolas aceitam crianças em período integral.

Os dados revelam que, na área de bem-estar social, a forma de atuação predominante é através de convênios estabelecidos entre órgãos públicos e entidades não-governamentais. No caso das pré-escolas, as redes municipais é que têm apresentado um expressivo crescimento, até mesmo nas zonas rurais, onde tradicionalmente o atendimento tem sido muito pequeno. Quanto às pré-escolas particulares, existem indícios de que sua participação na cobertura está subestimada pelos dados, devido às falhas da fiscalização e regulamentação existente. De qualquer modo, pode-se afirmar que a participação do setor público, através de atendimento direto à população, tem crescido e é atualmente majoritário no caso da pré-escola.

A atuação diversificada e paralela dos órgãos que se ocupam de creches e pré-escolas tem reflexos no tipo de atendimento e na sua qualidade. Assim, quando vinculadas ao sistema regular de ensino há maior garantia em relação a uma qualificação mínima do pessoal e uma ênfase nos objetivos instrucionais. No caso das creches, na maioria conveniadas com órgãos de bem-estar, não há exigências quanto à qualificação do pessoal que se ocupa das crianças, e a ênfase costuma estar colocada nos aspectos de segurança, higiene e alimentação. As poucas creches existentes nos locais de trabalho, sejam de empresas privadas ou de órgãos públicos, costumam seguir esse padrão, embora possam apresentar melhores condições de instalação e equipamento.

A outra face da moeda é que, justamente por serem mais voltadas para esse tipo de preocupação, as creches costumam estar mais atentas para o atendimento das necessidades da criança que não se resumem aos aspectos instrucionais: necessidades afetivas e de cuidado com o corpo.

Levando-se em conta todos esses aspectos, a Constituição de 1988, ao incluir a creche, ao lado da pré-escola, na área de competência da Educação, introduz nessa realidade uma importante mudança.

Seria fundamental, assim, iniciar a discussão sobre as conseqüências das novas disposições constitucionais, a partir da questão conceitual.

Se nos reportarmos às necessidades da clientela, para que se fixem os objetivos desse atendimento e se definam as modalidades que ele pode assumir, teremos de considerar alguns pontos, já abordados em relatório anterior (Poppovic, et al., 1983, pp. 4-10). São eles:

— qualquer alternativa de atendimento à criança pequena estará intervindo tanto na situação da criança como também naquela da família e, mais especialmente, da mãe, dada a estreita dependência que a criança pequena guarda com relação aos cuidados do adulto;

— os arranjos domésticos e as conseqüentes necessidades de serviços alternativos de educação e guarda para a criança variam enormemente conforme a região, a localização urbana ou rural, a situação de emprego dos pais, a composição da família e assim por diante;

— apesar dessa diversidade e do fato de as peculiaridades de cada faixa etária se expressarem de forma diferente conforme o contexto, existem algumas características da faixa de 0 a 6 anos que podem ser consideradas comuns a todas as crianças: para as crianças mais novas as trocas afetivas, o desenvolvimento físico e o cognitivo estão intimamente ligados; conforme nos aproximamos da faixa de 5 e 6 anos, as atividades mais especializadas, que requerem atenção e concentração, tornam-se não só mais viáveis como respondem a interesses e curiosidades da própria criança.

Assim, qualquer instituição que atenda as crianças de 0 a 6 anos estará, de maneira mais ou menos satisfatória, desempenhando duas funções:

— educacional, no seu sentido amplo, que responde às necessidades do desenvolvimento infantil nos primeiros anos de vida;

— guarda, complementando os cuidados com a criança fornecidos pela família, atendendo às necessidades dos pais que trabalham fora de casa, entre outras.

Acrescida a estas, pode-se também mencionar a função assistencial, em relação àquelas faixas mais empobrecidas da população, para as quais a creche e a pré-escola podem estar desempenhando também um papel de "salário-indireto", fornecendo alimentação e cuidados de saúde essenciais às crianças.

Vê-se, portanto, que na conceituação de creche e pré-escola, vários elementos são considerados:

— objetivos de educação, guarda e assistência;

— características diversas das faixas etárias compreendidas entre 0 e 6 anos;

— necessidades específicas de clientelas diversificadas;

— vinculação institucional a órgãos de bem-estar ou educação;

— período de funcionamento parcial ou integral;
— qualificação do pessoal.

A experiência acumulada em vários países tem levado, na maior parte deles, a uma subdivisão que destingue a faixa de 0 a 3 da faixa de 4 a 5[1] ou 4 a 6, sendo a primeira atendida pelas creches e escolas maternais e a segunda pelas pré-escolas.

Como vimos, no Brasil existe uma superposição dessas modalidades, sendo que, tanto as creches como as pré-escolas concentram a maior parte das matrículas a partir dos 4 anos de idade.

A grande dificuldade de integrar esses estabelecimentos encontrava-se na vinculação institucional, diferente para cada caso. A partir da promulgação da nova Constituição, no entanto, coloca-se a possibilidade de uma reorganização dessas formas de atendimento, no interior da área educacional. A questão que se coloca, então, é como traduzir esse novo princípio na organização dos sistemas de atendimento à criança pequena.

Um aspecto importante da creche no sistema educacional é que ela corresponde a um princípio que vem sendo definido por áreas ligadas à educação da criança pequena, que defendem uma concepção de educação pré-escolar vinculada aos direitos da criança que é atendida e não aos direitos da mãe que trabalha ou da família necessitada.

Da mesma forma que um documento de recomendações elaborado na França, em 1978, por um grupo de trabalho que assessorou a Caixa Nacional de Alocações Familiares desse país, este princípio é justificado pelo fato de que, quando somente responde às necessidades da mãe ou da família, os serviços prestados costumam negligenciar as necessidades específicas da criança, que é quem está sendo objeto de atendimento por parte da creche ou pré-escola.

---

1. Na maior parte dos países, a criança inicia a escola primária com 6 anos de idade.

Afirma o documento francês, em suas recomendações, que as formas de cuidado "respondem a um conceito que não pode mais ser aceito, a saber: o cuidado das crianças seria uma ajuda conferida à mãe que trabalha para que ela possa continuar a trabalhar. Este conceito deve ser rejeitado porque ele é gerador de empirismo e de negligências nefastas para as crianças, agora e no seu futuro. O cuidado deve ser considerado, ao contrário, como uma forma de responder às necessidades das crianças pequenas no contexto de uma civilização em evolução" (Les Modes..., 1978, p. 110).

Nesse sentido, a inclusão da creche na área da Educação confirma essa orientação, o que evidentemente não nega o benefício que esse atendimento representa para as mães e as famílias.

Retomando a questão conceitual, o momento pós-constituinte parece ser favorável a uma redefinição de áreas de competência que permita identificar a creche e a pré-escola às necessidades da criança e não mais a contingências da organização burocrática.

Se for adotada a subdivisão predominante em outros países, as questões de diferenciação por período de funcionamento, por objetivos (educacional, de cuidado e assistência), por qualificação de pessoal, mencionadas anteriormente, perdem importância como critério de identificação, constituindo-se apenas em possibilidades diversas de ambas as modalidades: creches e pré-escolas.

Assim, parece razoável propor, como diretriz para as definições a serem adotadas na legislação complementar e para a organização de uma política educacional que inclua a criança de 0 a 6 anos em sua população alvo, a denominação de *creche* para toda instituição, com objetivos de educação, guarda e assistência, que atende crianças de 0 a 3 anos e 11 meses; e a denominação de *pré-escola* para toda instituição, com os mesmos objetivos, que atende crianças entre 4 e 6 anos e 11 meses.

Essa definição, por outro lado, deve garantir, e não dificultar, uma integração total entre a creche e a pré-escola e entre esta e o 1º Grau, de forma a se constituir em uma carreira contínua e única, para as crianças atendidas, no interior de um mesmo sistema educacional aberto a todos.

Dessa forma, mesmo que diferentes contingentes ingressem no sistema com idades diversas, dentro da faixa mais ampla de 0 a 6 anos, a partir desse ingresso adquirem direito ao mesmo tipo de atendimento. Ou seja, evita-se assim a consagração de diversos tipos de carreiras escolares, com as crianças mais marginalizadas sendo identificadas como "crianças de creche" e as demais sendo valorizadas pelo sistema educacional como egressas de pré-escola, o que ocorre atualmente.

Por outro lado, tanto a creche como a pré-escola obrigam-se a atender de forma flexível as necessidades de sua clientela: a creche reconhecendo que também existe uma demanda por atendimento em períodos mais curtos do que 8 ou 12 horas diárias e a pré-escola encontrando formas de responder às necessidades das crianças que demandam período integral[2].

Esta forma de organização ajusta-se, também, ao que determinam os novos direitos sociais da Constituição, no que se refere a creches e pré-escolas nos locais de trabalho. Esse direito, adquirido por trabalhadores homens e mulheres, rurais e urbanos, deverá ser garantido por uma rede de creches e pré-escolas integrada ao mesmo sistema comum, evitando-se o estabelecimento de uma rede paralela. Sejam localizadas nos locais de trabalho, sejam próximas aos locais de moradia, essas creches e pré-escolas devem representar, para os filhos dos trabalhadores, o acesso a uma carreira educacional comum a todos, dentro de um sistema contínuo e integrado.

---

2. O caráter da demanda por creches tem sido analisado por alguns pesquisadores, como Lovisolo e outros, que constataram, na população atendida por creches do Rio de Janeiro, conveniadas com a LBA, uma forte aspiração por ensino pré-escolar, preparatório para o 1º Grau, que não estava encontrando uma oferta correspondente, o que contribuía para os desajustes e problemas de adaptação verificados (Lovisolo, 1987).

3.2. Organização Administrativa

A responsabilidade do Estado em relação à educação da criança pequena expressa-se através de diversas tarefas:

a) aquelas referentes à legislação, regulamentação e fiscalização dos serviços prestados por instituições públicas, privadas e comunitárias;

b) as relativas à arrecadação e distribuição de recursos;

c) o planejamento e avaliação de políticas públicas, seja através de atuação direta, seja através de convênios com entidades sem fins lucrativos;

d) implementação e administração de programas de ação do setor público.

Como foi visto, a Constituição contém duas diretrizes fundamentais para a organização do Estado no que se refere à educação da criança pequena: a inclusão da creche e da pré-escola na área de competência da Educação e a descentralização na gestão desses serviços. Por outro lado, a nova Carta afirma a inclusão da assistência à infância no sistema de Seguridade Social, indicando que parte de seus recursos devem ser destinados a esta função.

A partir dessas premissas, existem várias formas possíveis de se encaminhar uma reorganização do Estado, com vistas a dar melhores condições de eficiência e qualidade para uma política educacional voltada para a criança menor de 7 anos.

As sugestões apresentadas a seguir constituem uma tentativa, ainda preliminar, de propor uma definição de áreas de competência e níveis de responsabilidade entre os vários setores governamentais.

Como orientação básica, nos reportamos ao documento da área da Saúde que institui os SUDS — Sistemas Unificados e Descentralizados de Saúde nos Estados (Decreto nº 94.657, de 20/7/1987). O sistema aí proposto procura superar a "atual organização sanitária, centralizada e desordenada", na direção de "uma unificação com descentralização" (Brasil, Ministério da Previdência e Assistência Social, 1987, p. 4).

Para isso, o documento estabelece uma redefinição das atribuições dos três níveis federativos, propondo "um processo de estadualização e, através deste, de municipalização das ações de saúde" (p. 4).

Esta diretriz parece bastante sugestiva para a questão aqui tratada, dados os problemas apresentados pela situação vigente e as novas perspectivas abertas pela Constituição.

3.2.1. Atribuições da União

De acordo com a orientação adotada, à União compete:

— elaboração do Plano Nacional de Educação, que deverá incluir, entre suas metas principais, a educação pré-escolar da criança de 0 a 6 anos e 11 meses;

— gestão, coordenação, controle e avaliação do Sistema Nacional de Educação Pré-escolar (incluindo as creches);

— normatização nacional dos serviços de saúde, educação, assistência social e alimentação, dirigidos para a faixa de 0 a 6 anos e 11 meses, incluindo-se aí os serviços prestados por instituições privadas com e sem fins lucrativos e empresas, no que se refere ao cumprimento dos direitos sociais definidos na Constituição;

— regulamentação das relações entre o setor público e privado na oferta de vagas em creches e pré-escolas;

— garantia de repasse de recursos devidos a Estados e Municípios através de mecanismos eficientes e transparentes;

— execução de serviços regulares de coleta e divulgação de dados estatísticos;

— regulamentação da formação e carreira dos profissionais que trabalham em creches e pré-escolas;

— execução de uma política de apoio à pesquisa e à formação de recursos humanos de alto nível voltados para a análise e o aperfeiçoamento das diversas formas de educação da criança pequena.

Um primeiro problema que surge diz respeito às atribuições dos diversos órgãos federais. Documento do Ministério da Educação (MEC, 1988b) constata que em 1988 seis Ministérios estavam envolvidos com a criança pré-escolar: Educação, Saúde, Trabalho, Previdência e Assistência Social, Justiça e Interior. As últimas reformas administrativas não alteram substancialmente esse quadro.

Parece-nos que o fato de muitos Ministérios estarem, em maior ou menor medida, envolvidos com a questão, não constitui necessariamente um fator negativo. A questão principal é que isto não deveria levar ao atual paralelismo de ações, pulverização de recursos e falta de uma política integrada observados anteriormente.

De forma que parece urgente e evidente a necessidade de um desses Ministérios assumir como sua a tarefa de elaborar e implementar uma política "unificada e descentralizada" de educação pré-escolar, para a qual cada um dos demais daria sua contribuição específica.

De acordo com o texto constitucional, o Ministério da Educação seria o órgão mais apropriado para assumir essa responsabilidade.

Assim, por exemplo, o Ministério do Trabalho não abriria mão de sua responsabilidade na garantia do cumprimento do que estabelece a Constituição, nos Direitos Sociais, regulamentando e fiscalizando a atuação das empresas. No entanto, a garantia de uma qualidade mínima na operação das creches e pré-escolas mantidas, direta ou indiretamente, pelas empresas, seria atribuição dos órgãos educacionais.

Da mesma maneira, no que diz respeito ao planejamento dos cuidados de saúde prestados por creches e pré-escolas, o Ministério da Saúde poderia atuar de forma integrada com o da

Educação, evitando-se assim ações inadequadas, paralelas e desperdício de recursos.

Quanto à área de Seguridade Social, não há dúvidas de que teria um papel fundamental na garantia de uma política voltada para essa faixa etária. Em primeiro lugar, através da definição de prioridades no destino dos recursos agrupados em seu orçamento, prevendo a parcela destinada à assistência à infância. Segundo, promovendo a reorganização de órgãos como a LBA, dentro dos novos princípios de "unificação com descentralização".

Dada a atual situação, em que a área educacional tem se mostrado menos propensa a assumir a faixa global de 0 a 6 anos, enquanto a área de assistência social possui uma longa tradição de atuação, através de inúmeros programas voltados para essa população, é de se prever um período de transição ou adaptação em direção a uma reorganização desses serviços. Essa transição deve se dar tanto na direção de uma descentralização, com os órgãos federais abrindo mão da execução direta de serviços e atendo-se ao planejamento e coordenação nacional, como na direção de uma integração horizontal ou unificação, com a eliminação gradativa de centros de decisão técnica e burocrática paralelos.

Nesse processo, o cuidado mais importante a ser tomado é a preservação do *know-how* adquirido ao longo do tempo por várias equipes, de forma a evitar que novos grupos partam do zero no enfrentamento dos mesmos problemas.

3.2.2. Atribuições dos Estados

Seguindo a mesma orientação, aos Estados compete:

— gestão, coordenação, controle e avaliação dos Sistemas Estaduais de Educação, que devem incluir, entre seus objetivos, a educação em creches e pré-escolas;

— elaboração e coordenação dos Planos Estaduais de Educação;

— adaptação das normas e diretrizes federais na organização dos Sistemas Estaduais de Educação;

— fiscalização e supervisão de creches e pré-escolas privadas e de empresas;

— participação na gestão e no controle de convênios entre órgãos públicos e entidades privadas;

— execução de uma política de formação de recursos humanos para creches e pré-escolas;

— definição de critérios para recrutamento e credenciamento de profissionais que atuam em creches e pré-escolas;

— elaboração de propostas curriculares para creches e pré-escolas;

— execução direta supletiva de serviços de creches e pré-escolas nas regiões e Municípios que não demonstrem condições de garantir esse atendimento.

A atuação das unidades da federação é entendida, assim, como tendo ao mesmo tempo um caráter de suporte e de suplência em relação à atuação dos Municípios. É muito importante que os Estados assumam essa responsabilidade; o que tem ocorrido de forma geral, no país, é a oscilação entre uma tendência de extrema centralização no plano federal e a tendência oposta de se atribuir toda responsabilidade ao Município. Inúmeros programas, especialmente na faixa da pré-escola, são montados através de repasses diretos de recursos da União para Municípios e até a entidades isoladas, passando ao largo das instâncias estaduais. Retira-se, assim, dos Estados, a possibilidade de montarem sistemas integrados, adaptados às suas realidades, e dos Municípios, a possibilidade de planejarem e elaborarem políticas de ação, e não apenas executá-las.

Por outro lado, seguindo critérios objetivos e impessoais, existem tarefas que os Estados possuem mais condições de executar, do que muitos Municípios; outras tarefas demandam sistemas mais abrangentes, não circunscritos ao âmbito municipal, como as ações educativas em nível de 2º e 3º graus; outras, ainda, requerem o domínio de instrumental mais especializado, nem sempre acessível aos Municípios e cuja replicação em nível local ficaria muito onerosa.

Outro papel que cabe aos Estados é o de compensar desigualdades entre a situação apresentada por regiões e Municípios diferentes, seja através de repasse de recursos, seja através de atuação supletiva direta.

3.2.3. Atribuições dos Municípios

É importante lembrar que, ao falar de Município, englobam-se numa mesma classificação realidades extremamente discrepantes que não se expressam só através de contextos físicos, sociais e políticos diferentes, mas também através de capacidades muito diversas de gerência de políticas públicas. Alguns Municípios têm condições de assumir muitas das incumbências atribuídas aos Estados, enquanto outros provavelmente levarão muito tempo para se encarregar plenamente de suas tarefas específicas.

Assim, a relação a seguir deve ser entendida mais como uma tendência do que como uma possibilidade imediata para todos.

Cabe aos Municípios:

— gestão, coordenação, controle e avaliação do Sistema Municipal de Educação, o qual deve priorizar a educação básica e pré-escolar, inclusive em creches, garantindo a continuidade e integração entre os três níveis;

— elaboração e coordenação do Plano Municipal de Educação;

— participação na gestão e no controle de convênios entre órgãos públicos e instituições privadas sem fins lucrativos, integrando-os ao Sistema Municipal de Educação;

— fiscalização e supervisão de creches e pré-escolas conveniadas e, em colaboração com o nível estadual, de creches e pré-escolas privadas e de empresas, de acordo com normas federais, estaduais e municipais existentes;

— recrutamento, contratação, avaliação e treinamento em serviços de recursos humanos para creches e pré-escolas, incluindo-se neste último as unidades conveniadas, obedecidos os critérios e disposições estaduais;

— garantia de participação da comunidade no planejamento e na gestão da política de creches e pré-escolas, tanto em nível municipal, como no nível das unidades individualmente;

— colaborar com a atuação direta supletiva do Estado, quando houver.

No caso dos Municípios, coloca-se novamente, como nas demais instâncias, o problema da integração entre as diversas áreas públicas — Educação, Saúde, Assistência ou Bem-Estar Social — no planejamento e gestão em creches e pré-escolas. Tradicionalmente tem predominado uma divisão de trabalho que atribui as creches à área de Bem-Estar e as pré-escolas à Educação, sendo que a integração entre ambas tem se mostrado problemática nos Municípios maiores, como é o caso de São Paulo.

Entretanto, por uma série de motivos, a instância municipal é aquela que conta com melhores condições para promover essa integração. No caso dos Municípios menores, a própria escala de operações leva mais facilmente a uma ação integrada; no caso dos médios e grandes, apesar dos obstáculos, parece mais viável uma transição na direção de uma atuação unificada, do que nas estruturas burocráticas estaduais e federais.

Se prevalecerem as definições propostas, de creches como instituições educacionais que atendem, através de horários e modos de funcionamento diversificados, crianças entre 0 e 3 anos e de pré-escolas, como instituições educacionais que atendem, em períodos parciais ou integrais, crianças entre 4 e 6 anos, a atribuição de competências entre órgãos educacionais e de bem-estar poderá variar em cada Município. Porém, mesmo nos casos em que se mantenha a divisão de competências, é fundamental que se garanta o caráter educacional de ambas e sua continuidade, formando um sistema único, aberto a todas as crianças.

Quanto às creches que atualmente atendem crianças até 6 anos, o importante é que se caminhe na direção de se considerar a faixa entre 4 e 6 anos como "pré-escola", no sentido de incluir atividades mais especializadas e apropriadas para a faixa etária, e que, nas idades próximas ao ingresso no 1º grau, devem prever uma preparação para a alfabetização.

Além disso, essa nova definição deve facilitar o início de um processo de aperfeiçoamento e qualificação do profissional que atua em creches e pré-escolas, assim como a regulamentação de sua carreira.

De qualquer forma, tanto Estados como Municípios devem garantir que haja uma só Política Educacional, a qual deve englobar creches e pré-escolas e que deverá ser desenvolvida por uma ou mais áreas de governo.

A atuação integrada dentro de um mesmo Município pode até prever, se as condições recomendarem, formas combinadas de atendimento, como já ocorre em algumas localidades, onde as crianças são levadas de um equipamento para outro, em alguns horários, permitindo uma otimização no uso de instalações diversas.

Essa integração é viável também para crianças maiores de 7 anos, que necessitam supervisão fora do horário escolar, o que é uma demanda crescente em várias cidades do país.

3.3. Instrumentos Legais

Como já foi visto, um dos principais instrumentos legais que deverá ser elaborado pelo Congresso Nacional futuramente é a nova Lei de Diretrizes e Bases da Educação Nacional (LDB).

Diferente da atual, esta LDB deverá definir diretrizes para uma política nacional de educação da criança de 0 a 6 anos. Com a atribuição desta responsabilidade pela Constituição, para a área de Educação, é fundamental que na elaboração desta lei se confira à educação desta faixa etária importância equivalente dada aos demais níveis de ensino.

Para que isso ocorra será necessário que haja, por parte dos grupos interessados, pressão sobre os congressistas e equipes que os assessoram, pois é notória a resistência que segmentos hegemônicos na área educacional manifestam em relação à educação pré-escolar e, mais fortemente, em relação às creches.

Reconhecendo que a definição de prioridades na área educacional envolve inúmeros fatores, que variam conforme as diferentes realidades do país, recomendamos que se deixe para os Planos de Educação dos vários níveis de governo a definição sobre os percentuais da receita vinculada ao ensino que devem ser destinados a esta faixa etária, respeitando-se o já disposto na Constituição. Com efeito, os planos são elaborados para períodos fixos de tempo e suas prioridades podem se modificar ao longo dos anos. Ao contrário, uma lei federal deve ter um alcance maior, permanecendo a mesma durante períodos mais longos: a presente LDB foi elaborada em 1971 e a anterior em 1961, apesar de proposta desde 1945.

Assim sendo, é preciso que a próxima seja formulada tendo como horizonte já o início do século XXI, o que apresenta uma perspectiva de médio e longo prazo que não deve ser excessivamente limitada por contingências do presente, as quais podem ser superadas, em alguma medida, nos próximos anos.

Outra lei federal extremamente importante para a situação da criança pequena é a lei trabalhista que deverá substituir a atual CLT, que remonta à década de 30.

Vimos que vários direitos sociais consagrados na nova Constituição deverão ser melhor definidos na legislação complementar. Também nesse processo será decisiva a participação de entidades representativas de trabalhadores, para que não se perca, nessas definições, o espírito das conquistas obtidas no texto constitucional.

Uma questão importante envolvida nessa regulamentação refere-se aos direitos de funcionários e empregados de órgãos e empresas públicas. A Constituição define, no Capítulo VII, Seção II, "Dos Servidores Públicos Civis", e Seção III, "Dos Servidores Públicos Militares", que se aplicam a eles o disposto em alguns dos incisos do Artigo 7º, o que *não* inclui aquele que garante o atendimento em creches e pré-escolas para seus filhos. Entretanto, como foi visto, existem precedentes legais na garantia desse direito, o que poderia justificar disposições complementares em outros instrumentos legais federais, estaduais e municipais. De qualquer maneira, esta é uma questão que merece maior aprofundamento e avaliação de todos seus possíveis desdobramentos.

No caso da Seguridade Social, cabe também uma definição, em legislação específica, sobre o estatuto da assistência à infância no sistema global de Seguridade Social. O problema da definição de prioridades na repartição de recursos entre vários programas deveria ser encarado nos mesmos termos do indicado em relação às verbas de Educação.

O último ponto a ser considerado diz respeito ao fato de que uma Política de Educação da criança de 0 a 6 anos deve constituir parte de uma política mais ampla que poderíamos chamar de Política de Infância. Isto implica a exigência de que a preocupação com a criação de condições adequadas para o desenvolvimento da criança pequena deve orientar o que é definido em áreas específicas e que tenha algum impacto sobre essa criança. Por exemplo, uma Política Nacional de Desenvolvimento Urbano deve prever espaços abertos para recreação infantil, cuidados com a circulação de pedestres-crianças, reserva de terrenos para construção de creches, pré-escolas, bibliotecas públicas e assim por diante. Da mesma forma, é inadmissível que a Receita Federal continue a impedir que se deduzam das declarações de impostos de pessoas físicas despesas com creches, como informava o Manual do Imposto de Renda de 1988 (ano base 87).

Ou seja, essa preocupação que deve orientar as outras áreas governamentais não deve ser entendida como levando à criação de estruturas burocráticas paralelas para a questão, mas sim como uma garantia de respeito, na regulamentação e operação das ações públicas, aos direitos das crianças tais como definidos pela Constituição no seu Capítulo VII.

3.4. Principais Problemas a Serem Enfrentados na Definição de uma Política Nacional de Educação de Crianças de 0 a 6 Anos

3.4.1 Definição de prioridades

Até agora foram colocadas sugestões visando montar um quadro amplo de diretrizes legais e administrativas que garantam as condições necessárias para o desenvolvimento de políticas de ação nos vários níveis de governo.

Porém, na definição de prioridades de ação, nem sempre é possível garantir tudo ao mesmo tempo. Ou seja, etapas devem ser estabelecidas na direção dos objetivos mais gerais propostos, e para isso vários aspectos devem ser levados em consideração.

Uma das principais questões que se coloca diz respeito à relação entre os custos de uma determinada alternativa e seus benefícios para a população atendida. Esta questão torna-se tão mais central quanto maior é a defasagem entre a demanda existente e a capacidade de cobertura dos vários sistemas: a velha polêmica entre "quantidade" e "qualidade" apresenta-se aí intensificada com o caráter de urgência de uma situação com graves déficits de atendimento.

Nessa conjuntura, a tentação de se abrir mão de qualquer exigência de qualidade em favor dos chamados "programas de baixo custo" é bastante grande, mesmo quando não carrega consigo objetivos explicitamente demagógicos.

Entretanto, muitos estudos em outros países mostram que nem sempre os ganhos em qualidade mantêm uma relação direta com aumentos de custo (um exemplo clássico são os ganhos relativos menores que se obtêm com melhorias nos padrões de construção em comparação a investimentos em pessoal) e também que, abaixo de determinados patamares de qualidade, há um grande desperdício dos recursos que são destinados aos programas de atendimento.

Por outro lado, como foi apontado no início do trabalho, boa parte dos gastos do setor público, no país, não revertem para quem mais necessita de seus benefícios, que é este enorme contingente de brasileiros situados nos estratos de renda mais baixos. Assim, uma dimensão importante de qualquer política social é contribuir para uma diminuição das disparidades de condições da vida existentes no país, em direção a uma maior eqüidade.

Todas essas questões, por sua vez, têm um impacto diferenciado conforme as várias realidades existentes no país.

Para que as decisões possam refletir a consideração de todos os aspectos envolvidos, é fundamental que sejam tomadas a partir de um processo democrático de debate, que coloque à disposição da sociedade civil as informações sobre recursos, custos, opções de atendimento, que subsidiem suas escolhas.

Por exemplo, uma definição a respeito de faixas etárias a serem atendidas prioritariamente pelo Sistema Educacional deve levar em conta não só o diagnóstico da situação existente, como também o caráter da demanda. Dessa forma é possível contrabalançar a tendência da área educacional em privilegiar as faixas mais próximas dos 7 anos, com a preocupação de parte da clientela com o atendimento da faixa integral de 0 a 6 anos de idade.

3.4.2. Papel dos convênios

Grande parte do atendimento existente, como foi visto, é realizado através do repasse de recursos públicos para entidades filantrópicas ou comunitárias, através do estabelecimento de convênios entre estas e inúmeros órgãos públicos.

Esta forma de atuação levou, ao longo do tempo, à instalação de inúmeras redes de atendimento, que se cruzam nas várias instâncias de governo, desembocando, em muitos casos, nas mesmas crianças atendidas por instituições receptoras de vários tipos de verbas.

Vários diagnósticos têm apontado para o enorme desperdício de recursos provocado por este paralelismo de ações, que é a outra face da moeda das inúmeras dificuldades que estas entidades enfrentam em seu funcionamento, pois a maioria dos convênios cobre apenas parte das despesas com atendimento das crianças e geralmente são as entidades mais ricas aquelas que conseguem somar recursos de diferentes origens.

A Constituição de 1988 prevê o repasse de recursos públicos para entidades privadas, o que indica que deverá encontrar formas para que esses convênios convivam harmoniosamente com a política de "unificação com descentralização" aqui proposta.

A manutenção dos convênios tem sido defendida, por muitos, através do argumento de que as entidades privadas conseguem fornecer os mesmos serviços que a rede pública, com custos mais baixos. Seria importante que pesquisas mais rigorosas avaliassem essa questão, não se esquecendo de levar em conta os custos das respectivas máquinas burocráticas em cada tipo e atendimento.

Além disso, a política de convênios supõe a existência de entidades dispostas a atuar nesse campo, o que não se verifica em todas as situações.

Estudo recente realizado pela Fundação Carlos Chagas (Campos e Rosemberg, 1988), sobre a Região Metropolitana de São Paulo, indica que as entidades comunitárias são mais numerosas nas áreas mais consolidadas da cidade e quase inexistentes nas regiões de ocupação mais recente, onde se concentram as famílias mais pobres e mais jovens, com filhos pequenos.

Por outro lado, elas são mais numerosas no Município de São Paulo do que nos demais, também em virtude do efeito indutor que as políticas adotadas pelo órgão Municipal do Bem-Estar Social tiveram ao longo do tempo, com a elevação do *per capita* mensal para patamares bem acima dos demais órgãos estaduais e federais.

Assim, é fundamental que as políticas adotadas nos vários níveis de governo criem condições para uma orientação comum na operação desses convênios e para uma atuação integrada, em nível local, da rede conveniada e da rede pública.

Além disso é muito importante que o recurso a convênios não implique uma omissão (ou substituição) do setor público em relação a esse atendimento.

3.4.3. Definição de critérios mínimos

Pelo que foi exposto na análise de quadro institucional, neste momento circulam em forma de documentos ou são aplicados na prática, através de equipamentos implantados, uma série de critérios (ou normas) que orientam a construção, o equipamento e o funcionamento de creches e pré-escolas. Alguns destes critérios têm a pretensão de universalidade, outros são setoriais (seja por programa ou por região). Ao mesmo tempo dispõe-se de informação sobre uma intensa variação na qualidade de atendimento dos equipamentos, mesmo quando pertencem a um mesmo programa (como se viu através das avaliações das creches da LBA). Esta variação na qualidade percorre todos os itens que se podem arrolar: qualidade do terreno e da construção; adaptação dos equipamentos; duração da jornada; componente educativo; quantidade e adequação de materiais psicopedagógicos; clima afetivo-social; valor calórico-protéico da alimentação; quantidade e qualificação de recursos humanos; adequação dos custos à qualidade do serviço; abertura à participação dos pais; contrapartida dos pais e da comunidade na manutenção do equipamento; facilidade de acesso à população definida como prioritária. Apesar de longa, outros parâmetros podem ainda ser acrescentados a esta lista.

O problema a ser enfrentado se resume em saber se é possível definir e operacionalizar critérios mínimos nacionais, aplicáveis neste momento, para a construção, o equipamento e o funcionamento de creches e pré-escolas. Por exemplo, é possível e desejável impor-se, neste momento, para todo o Território Nacional, qual a qualificação mínima de um profissional de creche que lida diretamente com a criança? Ao se tentar responder a essa pergunta, a contradição provém da percepção de que certas regiões não disporiam de mão-de-obra qualificada suficiente e que outras já teriam ultrapassado um patamar mínimo, podendo, então, exigir mais.

O impasse talvez seja superado propondo soluções setoriais, a curto, médio e longo prazo, recebendo níveis de operacionalização diversos. Assim, por exemplo, critérios mínimos relativos a condições de saneamento básico, espaço físico dos equipamentos e aporte calórico-protéico diário podem ser definidos e operacionalizados, para serem aplicados em nível nacional, a curto ou pelo menos a médio prazo. Porém, para a questão da qualificação de recursos humanos, parece-nos que se deveria vislumbrar uma estratégia progressiva que desse conta, ao mesmo tempo, da disponibilidade de mão-de-obra local e da função necessariamente educativa dos equipamentos destinados às crianças pequenas. Neste caso, não seria possível definir em nível nacional critérios mínimos operacionalizados aplicáveis já.

Em qualquer caso, deve-se tentar evitar que os critérios mínimos sejam: *inaplicáveis*, porque excessivamente acima das possibilidades regionais; *inadequados*, por não garantirem condições de desenvolvimento integral da criança pequena; *discriminadores*, se forem específicos a cada região, pois tenderão a exigir o mínimo das regiões mais pobres e garantir o máximo às regiões mais ricas.

Neste sentido seria oportuna a elaboração de recomendações nacionais baseadas nos princípios constitucionais e na estratégia aqui proposta que atuassem como guias para a legislação complementar, para planos federais, estaduais e municipais de uma política de atendimento à criança pequena.

POSFÁCIO

Este texto foi objeto de discussão em uma reunião da qual participaram técnicos e pesquisadores de várias instituições, entre as quais aquelas diretamente envolvidas na sua elaboração: IPEA, Unicef e Fundação Carlos Chagas.

A discussão levantou do texto pontos considerados controversos, o que suscitou reflexões orientadas por diferentes opções e focos de análise. Muitas das críticas e sugestões foram contempladas na revisão posterior do texto. Além disso, à guisa de contribuição ao debate, incluímos neste posfácio uma síntese dessa reunião:

1) A concepção de atendimento público e privado

Apesar de, do ponto de vista jurídico, só existir na legislação brasileira a instituição de direito público como sinônimo de estatal, chegou-se a um certo consenso de que esta classificação é pobre para designar as ações na área social. No tratamento desta questão alguns elementos devem ser considerados, a começar pelo fato de que os programas de iniciativa privada, na maior parte das vezes, são mantidos diretamente por recursos públicos, geralmente através de convênios ou indiretamente por isenção de impostos e/ou contribuições sociais. É impossível nesta área, pelo menos no momento, defender-se a tese de que as verbas públicas só devam ser aplicadas em instituições públicas. Também há que se diferenciar a iniciativa privada de natureza filantrópica, e sem fins lucrativos, da iniciativa empresarial que mercantiliza o processo educacional/social. Foi sugerido como elemento chave para a classificação de atendimento público a condição de acesso irrestrito, ou seja, aberto a todos.

Comentou-se, ainda, o modismo da expressão não-governamental, admitindo-se como mais adequada a expressão não-estatal. Também não se deve usar o "público" e o "não-estatal" como sinônimos do melhor ou do pior, ou vice-versa. Na realidade encontram-se, em ambos os casos, situações boas e ruins. É importante que se pense na consolidação de redes públicas de serviços às crianças e não se tenha por modelo principal o conveniamento com instituições privadas, inclusive porque isto leva à constituição de redes e serviços alternativos instáveis, criados e estabelecidos na perspectiva de receber recursos públicos. É preciso sempre afirmar o caráter público da educação e dos serviços sociais básicos.

2) Os conceitos de creche e pré-escola

A proposta de discriminar creche e pré-escola apenas pela idade (creche: 0 a 3 anos e pré-escola: 4 a 6 anos) foi amplamente discutida pelo grupo, que inclusive buscou alternativas (sem grande sucesso) considerando outros elementos como as funções educacionais ou assistenciais, o tempo de permanência na instituição etc. Apesar de os termos creche e pré-escola serem consagrados tanto pela população e pela prática como pela própria Constituição, na medida em que eles carregam significados comprometedores dos princípios hoje definidos, julga-se interessante ir tentando introduzir um conceito mais amplo como "educação infantil" para designar as instituições de atendimento à criança. Estas devem cumprir funções diferenciadas: educativas, propriamente ditas, de cuidados diurnos durante o trabalho dos pais, de assistência sanitária, alimentar e social, conforme as necessidades das crianças e de suas famílias, independente da idade. A diferenciação devida à idade da criança é necessária apenas pelo fato de exigir atenção especial, maior relação adulto/criança etc. No entanto alguns cuidados devem ser tomados para que não se constituam redes isoladas e não se acentue a tendência hoje dominante de que creche é assistência e pré-escola é educação.

3) A questão dos recursos humanos

É consensual o reconhecimento de que a questão da qualificação de recursos humanos é ponto crucial na implementação de políticas adequadas de atendimento aos direitos e necessidades infantis. Em termos práticos, porém, reconhece-se o pouco avanço havido em termos da identificação do perfil profissional do trabalhador de creche e pré-escola, principalmente quando se consideram os desníveis existentes.

Em relação ao nível mínimo de escolarização dos profissionais responsáveis pelos serviços, não há definições de que sua formação deve ser em nível de 2º grau ou superior como palavra extensiva a todo o Território Nacional. Mas há certezas da necessidade de um treinamento especial sobre desenvolvimento infantil, inclusive multidisciplinar. Algumas pesquisas internacionais indicam que a formação específica é mais importante que o nível de escolaridade. Também não há necessidade de diferenciação na formação de profissionais para atuar em creches e pré-escolas, embora na política de utilização de recursos humanos deva haver diferenças, inclusive porque quanto menor a idade da criança, maior deverá ser a relação adulto/criança.

Discutiram-se, também, estratégias de curto prazo que contemplem a formação em serviço, e estratégias mais permanentes que completem o uso de profissionais de mais baixo nível educacional com treinamento especial, com funções de apoio.

Há que se diferenciar, ainda, o perfil de qualificação profissional necessário ao desempenho das diferentes tarefas que compõem um serviço integral de atendimento às crianças pequenas: quem elabora a proposta pedagógica, quem orienta as atividades de alimentação e higiene, quem permanece com as crianças todo o tempo, quem administra o serviço.

A supervisão, hoje quase inexistente, deve ser estimulada, inclusive, como mecanismo de qualificação de pessoal envolvido na área, principalmente numa etapa de municipalização dos serviços.

REFERÊNCIAS BIBLIOGRÁFICAS

A GESTÃO educacional: relação União/Estado/Município. Debates e Propostas. *Revista Brasileira de Estudos Pedagógicos.* Brasília, 69(161): 165-81, jan./abr. 1988.

AZEREDO, Beatriz. *As contribuições sociais no projeto de Constituição.* INPES/IPEA, nov. 1987 (Textos para discussão interna nº 124).

BARRETO, Elba S. Extensão da escola elementar no Brasil: da intenção à realidade. In: *International Conference on Education.* Tel-Aviv, 1984.

BNDES. *Programa empresa pró-creche.* Brasília, BNDES/FINAME/BNDES-PAR, nov. 1988. (folder.)

BRAGA, Carlos Alberto Primo & CYRILLO, Denise Cavallini. Educação: uma análise do custo/aluno da rede privada. In: ROCCA, Carlos Antonio et al. (org.). *Brasil 1980: os desafios da crise econômica.* São Paulo, Instituto de Pesquisas Econômicas, 1988.

BRASIL. Leis, Decretos etc. *Constituição da República Federativa do Brasil:* 1988. São Paulo, IMESP, 1988.

BRASIL. Ministério da Educação. Coordenadoria de Apoio Pedagógico à Educação Pré-escolar. *Subsídios para a política de educação pré-escolar:* documento preliminar. Brasília, 1988.

_____. Coordenadoria de Recursos Técnicos. *Situação técnica operacional do programa municipal de educação pré-escolar.* Brasília, 1987.

_____. Secretaria de Articulação e Estudos de Planejamento. *Retrato Brasil:* educação, cultura, desporto, 1970-1990, Brasília, 1988. 2v.

_____. Serviço de Estatísticas da Educação e Cultura. *Dados pré-escolar, 1º e 2º graus:* estimativas 1984-1986. Brasília, 1985.

BRASIL. Ministério da Educação. Serviço de Estatística da Educação e Cultura. *Estatísticas educacionais:* Brasil 1985/88. Brasília, 1988.

_____. *Retrato estatístico da educação, cultura e desporto:* séries históricas, 1984. Brasília, 1986.

_____. *Sinopse estatística da educação básica:* 1981/1983. Brasília, 1984.

_____. *Sinopse estatística da educação pré-escolar 1979/80.* Brasília, s.d.

BRASIL. Ministério de Previdência e Assistência Social. *Relatório da Comissão de apoio à reestruturação da assistência social.* Brasília, 1986.

_____. Instituto Nacional de Assistência Médica da Previdência Social. *SUDS — Sistemas Unificados e Descentralizados de Saúde nos Estados.* Brasília, 1987.

_____. Ministério da Saúde. *Creches:* instruções para instalação e funcionamento. Rio de Janeiro, Coordenação de Proteção materno-infantil, 1972.

_____. *Instalação e funcionamento de creches:* normas e manuais técnicos. Brasília, 1988.

_____. *Normas gerais para execução do programa de suplementação alimentar — PSA.* Brasília, 1986.

_____. *Plano de assistência ao pré-escolar.* Brasília, 1967.

_____. Instituto Nacional de Alimentação e Nutrição. *Relatório anual de atividades.* 1987. (mimeo.)

_____. Ministério do Trabalho. *Sistema de acompanhamento das negociações coletivas:* relatório 1986. Brasília, 1987.

CAMPINAS. Prefeitura. *O que é o projeto creche.* s.d. (folder.)

CAMPOS, Maria M. Malta. Pré-escola e sociedade: determinantes históricos. In: *Idéias.* São Paulo, Fundação para Desenvolvimento da Educação, (2):22-26, 1988.

_____. *O programa de creches da LBA:* elementos para uma avaliação. São Paulo, Fundação Carlos Chagas, 1985.

CAMPOS, Maria M. Malta. & ROSEMBERG, Fúlvia (coord.). *Diagnóstico da situação da educação pré-escolar na região metropolitana de São Paulo.* São Paulo, Fundação Carlos Chagas, 1988.

CAMPOS, Maria M. Malta. & ESPÓSITO, Yara Lúcia (coord.). *Programa Nacional de educação pré-escolar:* projeto de pesquisa sobre quatro experiências brasileiras. São Paulo, Fundação Carlos Chagas, 1984.

CAMPOS, Maria M. Malta. ROSEMBERG, Fúlvia & FERREIRA, Isabel Morsoletto. *A Constituição de 1988 e a educação de crianças pequenas.* São Paulo, Fundação para o Desenvolvimento da Educação, 1989.

_____. *Aspectos sócio-educativos e sugestões para uma política nacional de educação da criança de 0 a 6 anos no Brasil.* São Paulo, Convênio IPLAN/IPEA/UNICEF, 1989, 2v.

CARVALHO, José Carmello B. Aspectos metodológicos dos quesitos sobre instrução no censo demográfico. In: *Censos, concensos, contra-censos.* III Seminário Metodológico dos Censos Demográficos. Ouro Preto, SEAD, 1984, 149-75.

CHAHAD, José Paulo Zeetano & CERVINI, Rubem (org.). *Crise e infância no Brasil:* o impacto das políticas de ajustamento econômico. São Paulo, IPE/USP/UNICEF, 1988.

CHAHAD, José Paulo Zeetano & MACEDO, Roberto. Ajuste econômico e impacto social no Brasil 1980-1987: os efeitos sobre a população infantil. In: CHAHAD, José Paulo Zeetano & CERVINI, Rubem (org.). *Crise e infância no Brasil:* o impacto das políticas de ajustamento econômico. São Paulo, IPE/USP/UNICEF, 1988.

CONSELHO ESTADUAL DE EDUCAÇÃO. Parecer CEE nº 1.751/85, CEPF, aprovado em 06.11.85. In: SÃO PAULO (Estado), Secretaria da Educação, CENP. *Legislação de ensino de 1º e 2º graus:* atualização. São Paulo, 1985. v. 20, pp. 601-10.

CONSELHO NACIONAL DOS DIREITOS DA MULHER. *Creche urgente:* espaço físico. Brasília, 1988.

_____. *Creche urgente*: organização e funcionamento. Brasília, 1987.

_____. *Criança*: compromisso social, carta de princípios. Brasília, CNDM, 1986.

_____. *Metas estratégicas* — 1987/1989. Brasília, 1987. (mimeo.)

_____. *Mulher e trabalho*: legislação trabalhista, limitações e conquistas. Brasília, CNDM & DIEESE, 1987. v. 3.

_____. *Plano de ação para 1986*. Comissão de creche, 1986. (mimeo.)

_____. *Plano de ação* — 1987. Brasília, 1987. (mimeo.)

_____. *Regimento interno*. Brasília, 1986. (mimeo.)

_____. *Relatório anual de atividades* — 1988. Brasília, 1988. (mimeo.)

CUNHA, Maria Celeste Flores da. *FUNABEM 1964-1980:* memória histórica 16 anos depois. s.l., Ministério da Previdência e Assistência Social/Fundação Nacional do Bem-Estar do Menor, 1980.

DEMO, Pedro. *Educação e assistência:* discutindo estilos de oferta pré-escolar. Brasília, IPEA/IPLAN, 1988.

FERRARI, Alceu Ravanello. Evolução da educação pré-escolar no Brasil no período de 1968 a 1986. *Revista Brasileira de Estudos Pedagógicos.* Brasília, 69(161):55.74, jan./abr. 1988.

FLETCHER, Philip R. & RIBEIRO, Sérgio Costa. *A educação na estatística nacional*: versão preliminar para debate. Brasília, 1988. (mimeo.)

FRANCO, Maria Aparecida Ciavatta. *Da assistência educativa à educação assistencializada:* um estudo de caracterização e custos de atendimento a crianças carentes de 0 a 6 anos de idade (Relatório de pesquisa). Rio de Janeiro, UNICEF/CNHR, 1983. (mimeo.)

FRANCO, Maria Aparecida Ciavatta. Lidando pobremente com a pobreza: análise de uma tendência no atendimento a crianças de 0 a 6 anos de idade. *Cadernos de Pesquisa.* São Paulo, Fundação Carlos Chagas, (51):13-32, nov. 1984.

FUNDAÇÃO IBGE. *Censo Demográfico 1980.* Rio de Janeiro, 1982/1983.

_____. PNADs 79, 81, 82, 83, 84, 85, 86. Rio de Janeiro, 1980/1988.

FUNDAÇÃO IBGE/UNICEF. *Perfil estatístico de crianças e mães no Brasil:* sistema de acompanhamento da situação sócio-econômica de crianças e adolescentes 1981/1983/1986. Rio de Janeiro, IBGE, 1988.

FUNDAÇÃO JOÃO PINHEIRO. *Diagnóstico integrado para uma nova política de bem-estar do menor:* relatório final. Belo Horizonte, Fundação João Pinheiro/FUNABEM, 1987.

FUNDAÇÃO LBA. *Relatório Geral — 1987.* Rio de Janeiro, LBA, 1988.

FUNDAÇÃO NACIONAL DO BEM-ESTAR DO MENOR. *Compromisso político e diretrizes técnicas — 1987/1989.* Rio de Janeiro, Coordenadoria de Comunicação Social, 1987.

_____. *O "menor-problema social" no Brasil e a ação da FUNABEM.* Rio de Janeiro, FUNABEM, 1975.

_____. *Relatório Anual — 1987.* Rio de Janeiro, Coordenadoria de Comunicação Social, 1987.

GRAGNANI, Adriana M. Caebonell et al. Creches e berçários em empresas privadas paulistas. *Cadernos de Pesquisa.* São Paulo, Fundação Carlos Chagas, (57):39-54, maio 1986.

GUSSO, Devonzir. Escolarização e o déficit escolar: os fatos e as versões. *Revista Brasileira de Administração da Educação, 1*(2), jul./dez. 1983.

IPEA — Instituto de Planejamento Econômico e Social. Coordenação de Educação e Cultura. *Relatório anual de acompanhamento:* área educação. Brasília, 1897. (mimeo.)

IPEA — Instituto de Planejamento Econômico e Social & IPLAN — Instituto de Planejamento. Coordenadoria de Educação e Cultura. *Educação e Cultura — 1987:* situação e políticas governamentais. Acompanhamento de Políticas Públicas nº 4. Brasília, 1988.

JORGE, Maria Helena de Mello & MARQUES, Marília Bernardes. Mortes violentas em menores de 15 anos no Brasil. *Boletín de la Oficina Sanitaria Panamericana.* Washington, *100*(6):590-603, 1986.

KISHIMOTO, Tizuko Morchida. Recuperando a história da educação infantil em São Paulo. *Escola municipal.* São Paulo, *18*(13):6-19, 1985.

LES MODES DE GARDE DES ENFANTS DE 0 À 3 ANS. Cahier de Recommandations. 3 ed. Les Editions ESF, Paris, 1978.

LOVISOLO, Hugo (coord.). *O programa de creches na LBA:* avaliação no Rio de Janeiro. Convênio MPAS/FLACSO. Rio de Janeiro, 1987 (relatório final).

MIRANDA, Wanda Maria Mota de. *Creches, desenvolvimento econômico, políticas sociais:* um estudo de caso na cidade de Salvador. Salvador, UFBA, Mestrado em Saúde Comunitária, 1981 (Projeto de tese).

_____. *Um diagnóstico de creches na cidade de Salvador.* Salvador, UFBA, s.d.

NÚMEROS mostram toda a evolução do Brasil. *O Globo.* Rio de Janeiro, 25 nov. 1988. p. 9.

PELIANO, Ana Maria. Os programas alimentares e nutricionais no contexto de recessão econômica: 1980/1989. In: CHAHAD, José Paulo Zeetano & CERVINI, Rubem (orgs.). *Crise e infância no Brasil:* o impacto das políticas de ajustamento econômico. São Paulo, IPE-USP/UNICEF, 1988.

POPPOVIC, Ana Maria et al. *Subsídios para elaboração de um programa nacional de atendimento à criança.* São Paulo, Fundação Carlos Chagas, 1983.

RAPPORT DU GROUPE D'ÉTUDES SUR LA GARDE DES ENFANTS. Ottawa, Condition Féminine, Canada, 1986.

REIS, Joracy Mendes Lima dos. *O programa nacional do leite para crianças carentes:* avaliação no setor "0" da Ceilândia. Brasília, 1988. (mimeo.)

REZENDE, Fernando & AFONSO, José Roberto R. *A reforma fiscal no processo de elaboração da nova Constituição.* Brasília, INPES/IPEA, 1987 (textos para discussão interna nº 121).

ROSEMBERG, Fúlvia. 0 a 6: desencontro de estatísticas e atendimento. *Cadernos de Pesquisa.* São Paulo, Fundação Carlos Chagas, (71):36-48, nov. 1989.

ROSEMBERG, Fúlvia. CAMPOS, Maria M. Malta & PINTO, Regina Pahim. *Creches e pré-escolas.* São Paulo, Nobel/Conselho Estadual da Condição Feminina, 1988.

ROSEMBERG, Fúlvia. et al. *A FUNABEM e a FEBEM — SP.* São Paulo, Fundação Carlos Chagas, 1983.

ROSSETTI-FERREIRA, Maria Clotilde et al. *Crianças carentes em ambientes carentes:* estrutura, funcionamento, ambiente interacional e avaliação do desenvolvimento em creches que atendem à população de baixo nível sócio-econômico. XVIII Congresso Interamericano de Psicologia, Santo Domingo, jun. 1981.

SÃO PAULO. Câmara Municipal. *Comissão especial de inquérito sobre creches no Município de São Paulo:* relatório final, 1984.

SECAF, Regina Elisabete. *Ambiente interacional em creches.* São Paulo, s.d., relatório para a FAPESP.

SOUZA, Solange Jobim L. & KRAMER, Sonia. *Educação ou tutela?* a criança de 0 a 6 anos. São Paulo, Edições Loyola, 1988.

TOSCANO, Moema et al. *Creche*: necessidade e realidade. Rio de Janeiro, Centro da Mulher Brasileira, fev. 1980. Relatório de pesquisa. (mimeo.)

UNESCO. Bureau International d'Éducation. *Annuaire international de l'éducation: tendances du mouvement éducatif.* Suíça, 1983, v. XXXV.

_____. & CAMARGO, Regina Lúcia de Melo. *Creches comunitárias.* Belo Horizonte, UFMG, s.d. Anexo ao relatório final para o CNPq.

VIEIRA, Lívia Maria Fraga. *Creches no Brasil:* de mal necessário a lugar de compensar carências; rumo à construção de um projeto educativo. Dissertação de Mestrado. UFMG, 1986.

_____. *Prática educativa na creche comunitária:* uma análise micropolítica. Belo Horizonte, UFMG, Fundação de Desenvolvimento da Pesquisa, nov. 1983. 1º relatório técnico-científico para o INEP.

VIEIRA, Lívia Maria Fraga & CAMARGOS, Regina Lúcia de Melo. *Creches comunitárias.* Belo Horizonte, UFMG, s.d. Anexo ao relatório final para o CNPq.

_____. Mal necessário: creches no Departamento Nacional da Criança (1940-1970). *Cadernos de Pesquisa.* São Paulo, Fundação Carlos Chagas, (67):3-16, nov. 1988.

WILLADINO, Gildo. *O ensino de 1º grau em 1980:* análise crítica dos dados do Censo e do SEEC. Brasília, SEEC/MEC, 1984.

WORLD BANK. *Brazil: public spending on social programs;* issues and options. Washington, 1988.

PARMA
Impresso nas oficinas da
EDITORA PARMA LTDA.
Telefone: (011) 912-7822
Av. Antonio Bardella, 280
Guarulhos - São Paulo - Brasil
Com filmes fornecidos pelo editor